अनुभव का अक्षांश

शिवेश

अनुभव का अक्षांश
(संस्मरण) शिवेश
प्रथम संस्करण– मार्च–2026

ISBN : 979-890392088-4

Memoir- Anubhav ka Akshaansh
by Shivesh

Price : 295/- (Two ninty five)

सम्पादन, शब्द–सज्जा तथा आवरण : डॉ किशोर सिन्हा
कार्टून एवं रेखाचित्र : AI generated
प्रकाशक : नोशन प्रेस, चेन्नई

मूल्य : 295/–

समर्पित.....

नीलू को

जिसमें मेरे जीवन की
अक्षांश-देशांतर
सारी रेखाएं
समाहित हैं.....

पुस्तक में समाहित लेख व्यक्तिगत अनुभवों और मित्रों के साहचर्य पर आधारित हैं। इनका उद्देश्य विशुद्ध हास–परिहास और सामयिक चिंतन है। इसमें किसी भी व्यक्ति, व्यवसाय, संस्था अथवा व्यवस्था का उपहास करने की कतई मंशा नहीं है।

पुस्तक में व्यक्त विचार पूरी तरह से लेखक के हैं और उनसे सम्पादक की सहमति अनिवार्य नहीं है।....

क्रम

ऑफिसीय महाभारत

समाज का स्वर्ग–दर्शन

स्वर्गलोक और समाजलोक की विडंबनाएँ

आत्मकथात्मक त्रासदी : ट्रेजडी और ट्रैवलॉग

साधारण घटनाओं में असाधारण अर्थ की खोज : शिवेश

जीवन कोई सीधी रेखा नहीं है। वह अनुभवों का एक विस्तृत अक्षांश है, जहाँ हर क्षण अपनी भौगोलिक पहचान छोड़ जाता है। कभी वह स्मृति बनकर मुस्कान देता है, कभी टीस बनकर भीतर कहीं चुपचाप घर कर लेता है। प्रस्तुत कृति 'अनुभव का अक्षांश' इसी जीवन–यात्रा का ऐसा मानचित्र है, जिसमें लेखक ने अपने देखे, जिए और भोगे हुए क्षणों को संवेदनशीलता और व्यंग्य की सधी हुई दृष्टि से अंकित किया है।

जैसा कि लेखक स्वयं कहते हैं– "कुछ अनुभव सिर चढ़कर बोलते हैं, तो कुछ चुपचाप भीतर जड़ें जमा लेते हैं।" यही द्वंद्व इस पुस्तक की आत्मा है। यहाँ अनुभव केवल घटित नहीं होते, वे भीतर तक उतरते हैं और फिर शब्दों में ढलकर पाठक के सामने जीवंत हो उठते हैं।

शिवेश की लेखनी की विशेषता यह है कि वह साधारण घटनाओं में असाधारण अर्थ खोज लेती है। मोहल्ले की गलियों से लेकर दफ़्तर की फ़ाइलों तक, बचपन के खेलों से लेकर वयस्क जीवन की विडंबनाओं तक– हर प्रसंग यहाँ जीवन का एक नया आयाम खोलता है। कहीं 'गुल्ली–डंडा' के माध्यम से बचपन की उच्छृंखल ऊर्जा दिखाई देती है, तो कहीं उस एक चोट के बहाने ज़िम्मेदारी और भय का पहला बोध भी। लेखक की पंक्तियाँ– "चोट हमें नहीं लगी थी, फिर भी दिलों की धड़कनें भाग रही थीं" बचपन की मनःस्थिति को अद्भुत सजीवता देती हैं।

इसी प्रकार 'कटहल का कोफ़्ता' जैसी रचना में व्यंग्य अपनी पूरी चुटीली तीक्ष्णता के साथ उपस्थित है। लेखक की यह स्वीकारोक्ति "शरीर ने पेट की ग़लती को माफ़ कर दिया, पर आत्मा, वह तो वॉश–बेसिन नहीं जानती...." सिर्फ़ हास्य नहीं, बल्कि विश्वास और आस्था पर गहरी टिप्पणी भी है।

यह पुस्तक केवल घटनाओं का संकलन नहीं है, बल्कि समय के साथ लेखक के भीतर घटित होते परिवर्तन का दस्तावेज़ भी है। 'राजगीर' की यात्रा का वर्णन करते हुए जब लेखक कहते हैं, "बीस रुपये में स्वर्ग मिल सकता है, पर वापसी का टिकट नहीं. ..." तो यह एक साधारण यात्रा–वृत्तांत नहीं रह जाता, बल्कि जीवन की यथार्थपरक सीख बन जाता है।

शिवेश का व्यंग्य आक्रामक नहीं, आत्मीय है। वह चोट करता है, पर भीतर तक जाकर एक हल्की मुस्कान भी छोड़ जाता है। स्वयं लेखक का यह कथन, "व्यंग्य मेरा हथियार नहीं, मेरा स्वभाव है...." उनकी लेखकीय दृष्टि को पूरी स्पष्टता से सामने रखता है। यह व्यंग्य किसी पर प्रहार नहीं करता, बल्कि जीवन के सत्य को सहजता से उद्घाटित करता है।

उनकी भाषा सहज, प्रवाहपूर्ण और लोक–संवेदना से संपृक्त है। इसमें बनावट नहीं, बल्कि अनुभव की सच्चाई है। यही कारण है कि यह पुस्तक पढ़ते हुए पाठक स्वयं को इन अनुभवों का सहभागी महसूस करता है। कई स्थानों पर ऐसा प्रतीत होता है मानो लेखक की स्मृतियाँ हमारी अपनी स्मृतियाँ बन गई हों।

इस कृति का एक महत्वपूर्ण पक्ष इसका आध्यात्मिक स्पर्श भी है। जीवन की भागदौड़ के बीच आस्था और आत्मचिंतन की जो झलक इसमें मिलती है, वह इसे केवल हास्य–व्यंग्य तक सीमित नहीं रहने देती। लेखक की यह अनुभूति, "कभी–कभी जीवन ठहरने

के लिए नहीं, बह जाने के लिए होता है....'' पाठक को भीतर तक स्पर्श करती है।

'अनुभव का अक्षांश' दरअसल उन अनगिनत बिंदुओं का संगम है, जो मिलकर जीवन की संपूर्ण कथा रचते हैं। यह पुस्तक पाठक को हँसाती है, गुदगुदाती है, कभी–कभी चुप भी कर देती है– और यही इसकी सबसे बड़ी सफलता है।

अंततः, यही कहा जा सकता है कि यह कृति केवल पढ़ी नहीं जाती, बल्कि जी जाती है। यह हमें अपने भीतर झाँकने और अपने ही अनुभवों के अक्षांश को पहचानने की प्रेरणा देती है।

आशा है कि यह पुस्तक पाठकों के मन में अपनी एक स्थायी छाप छोड़ेगी और उन्हें अपने जीवन को नए दृष्टिकोण से देखने का अवसर प्रदान करेगी।

अखिलेश प्रसाद
मुख्य महाप्रबंधक (अवकाश–प्राप्त)
स्टील अथॉरिटी ऑफ़ इंडिया लि.
क्रॉसिंग रिपब्लिक, ग़ाज़ियाबाद.

'अनुभव का अक्षांश' : पाठकों के लिए मेरी कलम से

कुछ अनुभव सिर चढ़कर बोलते हैं, तो कुछ चुपचाप भीतर जड़ें जमा लेते हैं। कुछ पल इतने रंगीन होते हैं कि आँखें उन्हें बार–बार देखना चाहती हैं और कुछ इतने फिसलन भरे कि हर बार गिरने के बाद भी मन मुस्कुरा देता है मानो जीवन से कह रहा हो, फिर कोशिश करूँगा, क्योंकि कहानी अभी अधूरी है।

इस संग्रह में जो कुछ भी लिखा गया है, वह बस 'हुआ' नहीं, 'भोगा' गया है। और जहाँ भोग होता है, वहाँ कराह भी होती है, वेदना भी और खिलखिलाहट भी। संस्मरण और व्यंग्य– इन दोनों विधाओं में यह विलक्षण साम्य है कि वे समय को चुटकी में पकड़ लेते हैं और फिर उसे या तो आईना दिखाते हैं या रगड़कर चमका देते हैं।

'अनुभव का अक्षांश'– यह शीर्षक यूँ ही नहीं चुना गया। अक्षांश वह काल–रेखा है, जिस पर जीवन के अनुभवों की भौगोलिक स्थिति दर्ज़ होती है। यह पुस्तक मेरा निजी मानचित्र है, उन ठौर–ठिकानों का, जहाँ ज़िंदगी ने मुझे रोका, धकेला, हँसाया और कभी–कभी गिराया भी। लेकिन हर बार मैं उठा, क्योंकि एक क़िस्सा और लिखना अभी बाक़ी था।

इस संग्रह में आपको मोहल्ले की गोटियों के गुट भी मिलेंगे, कॉलेज के गलियारों की राजनीतिक धड़कन भी, बाबूजी की आँखों

का गहरा मौन भी– और बैंक की वे कतारें भी, जहाँ पैसे से ज़्यादा तजुर्बे और ताने मिलते थे।

मैंने अपने बचपन को एक बार फिर झाड़–पोंछकर देखा है– कभी गुल्ली–डंडा की छड़ी से, कभी कटहल की गोली से घायल होकर और कभी कुल्हड़िया के कुल्हड़ के भय और रोमांच के माध्यम से। लेकिन केवल सांसारिक घटनाएँ ही जीवन का अक्षांश नहीं बनातीं; कहीं–कहीं अनुभूतियाँ भी रास्ता बदल देती हैं।

इस संग्रह में एक और यात्रा है– आस्था की डुबकी, जो मुझे महाकुंभ और केदार–बद्रीनाथ की पावन धरा तक ले गई। यह कोई पर्यटन नहीं था, यह आत्मा की पुनर्रचना थी। वहाँ जाकर जाना कि कभी–कभी जीवन ठहरने के लिए नहीं, बह जाने के लिए होता है। हिमालय की गोद में बैठकर जब प्रश्न मौन हो जाएँ और उत्तर आँखों से झरने लगें, तो वह अनुभूति न तो व्यंग्य में बँधती है, न संस्मरण में; वह सीधे हृदय में उतरती है। इस आध्यात्मिक यात्रा ने मुझे भीतर तक नम किया है, और शायद पाठकों को भी वहाँ की शांति के कुछ छींटे इस संग्रह में मिल जायेंगे।

व्यंग्य मेरा हथियार नहीं, मेरा स्वभाव है। यह न किसी पर सीधे चोट करता है, न किसी को बख़्शता है। वह हँसी, जो भीतर तक चुभ जाए, वही व्यंग्य की आत्मा है। मैंने इस आत्मा को अपनी लेखनी में सजीव रखने की कोशिश की है, बिना किसी कड़वाहट के...... लेकिन कड़वे सच के साथ। यदि पढ़ते–पढ़ते कहीं आप मुस्कुरा दें, कहीं आपको अपने पिताजी या पड़ोसी की याद आ जाए और कहीं कोई आँसू चुपचाप गालों पर दस्तक दे दे, तो समझ लीजिएगा, मेरी क़लम ने दिशा सही पकड़ी है।

और अंत में, यह पुस्तक केवल मेरी लेखनी का परिणाम नहीं है, बल्कि मेरे आत्मीय संबंधों का भी प्रतिफल है जो समय–समय

पर मेरी पीठ ठोकते रहे– कभी हौले से, कभी ज़ोर से। अपने परम मित्र मधुरेश नारायण, डॉ. किशोर सिन्हा और डॉ. प्रमोद कुमार के प्रति मैं हृदय से कृतज्ञ हूँ, जिनके सहयोग, प्रेरणा और विश्वास के बिना यह पुस्तक संभव नहीं हो पाती। सच कहूँ, तो इनके बिना यह 'अक्षांश' शायद अधूरा रह जाता– दिशाहीन भी और थोड़ा–सा नीरस भी। इनकी उपस्थिति ने मेरे अनुभवों को शब्द देने का साहस और संबल प्रदान किया है।

मैं उन सभी मित्रों एवं परिजनों के प्रति भी हृदय की गहराइयों से कृतज्ञता व्यक्त करता हूँ, जिनके निरंतर स्नेह और प्रोत्साहन ने इस कार्य को संभव बनाया।

ईश्वर को मैं कोटिशः नमन करता हूँ, जिनकी कृपा के बिना कोई भी प्रयास पूर्णता को प्राप्त नहीं कर सकता। यही है 'अनुभव का अक्षांश'– सीधी रेखा नहीं, लेकिन सच्ची और सतत गतिशील। संसार भले ही एक वृत्त हो, पर अनुभव के अक्षांश उसे एक कथा बना देते हैं।

सादर,

शिवेश
84, फ्रेंड्स कॉलोनी,
रोड न. – 03,
आशियाना नगर, पटना – 800025
चलभाष : 9470414299

मासूमियत का महाभारत

गुल्ली–डंडा

वीरेन्द्र उर्फ़ बमताहा, चांदमारी रोड युवा–संघ का वह अनियंत्रित मिसाइल, जिसे कोई रिमोट नहीं चला सकता था। बात करे तो जैसे बहस कर रहा हो, चले तो जैसे युद्धभूमि की ओर प्रस्थान कर रहा हो। उसके चेहरे पर सदा एक अदृश्य लाल पट्टी बँधी रहती थी और हिप्पी से बड़े–बड़े घुँघराले बालों को व्यवस्थित रखने के लिए सिर पर काली पट्टी, जैसे वह क्रांति के लिए ही जनमा हो।

उसके अंदर जन्मजात आक्रोश की कोई हाइड्रॉलिक प्रणाली लगी थी– बोलता तो जैसे उपदेशक, खेलता तो जैसे सेनापति.... और चलता तो जैसे कबीले का कोई योद्धा किसी अनदेखे युद्ध के लिए निकल पड़ा हो।

गुल्ली–डंडा उसका पसंदीदा खेल था, और हर गुल्ली पर प्रहार ऐसा, मानो लक्ष्मण पर मेघनाथ का शक्तिबाण। हम बाक़ी साधारण लड़के, जो सिर्फ़ उसकी आँधियों से बचकर अपना समय निकालते थे।

उस दिन भी वह लहर में था। स्टीक को ऐसे घुमा रहा था जैसे धोनी का कोई प्रहार हो, और गुल्ली को ऐसे मार रहा था जैसे वह इतिहास बदलने वाला हो। उसकी गुल्ली को विनोद बार–बार कैच कर रहा था, शायद इसी कारण वह क्रोध में था।

हम सब– ओम, मधुरेश, विनोद, प्रमोद, प्रेम और चांदमारी रोड की युवा–सेना, शाम चार से छह तक मैदान में ही दिखते थे।

यह वो समय था जब बच्चे रील्स नहीं, रियल खेलों में मशगूल होते थे। मौसम की मर्ज़ी की हमें क्या परवाह.... जाड़े में क्रिकेट, गर्मी में फुटबॉल, बारिश में शतरंज या कैरमबोर्ड (वो भी छज्जे के नीचे या गदाधर पुस्तकालय में).... और जब कोई बहाना न मिला, तो गुल्ली–डंडा।

गुल्ली–डंडा, एक ऐसा लोकतांत्रिक खेल, जिसे खेलते वक़्त न किसी के पिता राजा होते, न किसी के चाचा मंत्री। पर हाँ, घर के भीतर इसकी हैसियत ऐसी थी जैसे बच्चा बीड़ी पीते पकड़ा गया हो। विशेषतः चाचाजी (विनोद और प्रमोद के पिताश्री) की नज़रों में यह खेल एक चरित्र–हनन अभियान था, जैसे गुल्ली–डंडा नहीं, लड़कों के जीवन का बेरोज़गारी प्रशिक्षण कार्यक्रम हो।

चाचाजी (विनोद के पिताजी) शांत, गंभीर और कठोर ढंग के संयमी। वे बोलते कम थे, पर उनकी चुप्पी ही हमारी डर की भाषा बन गई थी। वे जब चश्मा उतारते थे, तो लगता था जैसे कोई निर्णय सुनाया जाने वाला है.... और यदि वे बोले नहीं, तो और भी बड़ी सज़ा की आशंका बन जाती थी।

उस दिन का दृश्य आज भी आंखों में वैसा ही ठहरा है, जैसे गुल्ली नहीं, भाग्य उछल रहा हो। खेल पूरे उफ़ान पर था। वीरेन्द्र का बमताहा शॉट हवा में सांय करता हुआ उड़ा.... जैसे भगवद्गीता की कोई श्लोकबद्ध चेतावनी। इतिहास बना, पर ख़ून

के साथ। एक प्रहारमयी शॉट सीधा जा लगा विनोद की भौंह पर। ऐसा लगा जैसे गुल्ली नहीं, गुरुत्वाकर्षण को चुनौती देती कोई ब्रम्होस मिसाइल हो, जो किसी राष्ट्र के ललाट पर गिर पड़ी हो। ख़ून का फव्वारा और हम सबकी साँसों का जैसे एक साथ थम जाना।

हॉस्पिटल में डॉक्टर ने कहा– छह टांके लगेंगे.... और हमारे मासूम बचपन को जैसे पहली बार जीवन बीमा की शर्तें समझ में आईं। ख़ून... वही लाल रंग जो आमतौर पर पराठे के अचार में होता था, अब विनोद की भौंह पर था। छह टांके..... और हम सबको लगा, जैसे यह टांका उसके माथे पर नहीं, हमारे बचपन की आज़ादी पर लगा हो।

जब विनोद घर पहुँचा, हम सब धीरे से छाँव में हो लिए.... उसके साथ घर के भीतर जाने की किसी की हिम्मत न हुई। हम विनोद को दरवाज़े पर छोड़कर ऐसे भागे, जैसे गिरफ़्तार नेता पुलिस को चकमा देकर भागता है।

घर के सामने छोड़कर भागते वक़्त हमारी चाल वैसी थी, जैसी जेल से छूटे मुजरिम की हो। किसी ने पीछे मुड़कर नहीं देखा, क्योंकि चाचाजी की मौन भाषा हमें अभी भी सुनाई दे रही थी– वो मौन... जिसमें गूंजती थी हमारी हर ग़लती की सज़ा। उनका चुप रह जाना जैसे संविधान की धारा 370 हमारे ऊपर फिर से लागू हो गई हो।

हम क्यों भागे? क्या चोट हमें लगी थी?.... नहीं.... पर हम जानते थे कि उस घर के भीतर पिता नहीं, आत्मा का परीक्षक खड़ा था। वे एक ऐसे चरित्र थे, जिनमें बच्चों को बिना मारे अनुशासित रखने की शक्ति थी। यह प्रश्न उस गुल्ली से ज़्यादा नुकीला था, जो विनोद की भौंह चीर गई थी।

चोट हमें नहीं लगी थी, फिर भी हमारे दिलों की धड़कनें ऐसे भाग रही थीं जैसे स्कूल का घंटा बजते ही कोई बम की अफ़वाह फैल जाए। शायद उस दिन हमें समझ में आया कि खेल से बड़ा डर, गार्जियन–सम्मान का होता है.... और गुल्ली–डंडा से बड़ा पाठ, ज़िम्मेदारी और पलायन का अंतर सिखा देता है।

आज मैदान सूने हैं और बच्चे स्क्रीन पर उँगलियाँ घुमाते हैं.... गुल्ली–डंडा अब ऐप में है, और ज़िंदगी की चोटें 'अन–डू' (undo) हो जाती हैं। लेकिन हमें तो वही समय प्रिय था, जब चोट भी असली होती थी.... और डर भी। ख़ून निकलता था, पर दोस्त नहीं।..... और चाचा की ख़ामोशी.... संविधान की प्रस्तावना जैसी लगती थी।

❖❖❖

कटहल का कोफ़्ता

आज सुबह फ़ेसबुक खोला तो डॉ. किशोर सिन्हा का पोस्ट दिख गया। वीडियो में कटहल के कोफ़्ते छन रहे थे.... धीमी आँच पर सिंकती हुई सुनहरी गोलियाँ, जिनमें से उठती भाप और मसालों की आभासी गंध मेरे मोबाइल स्क्रीन से होती हुई सीधी स्मृति–ग्रंथि में घुस गई।

डॉ. सिन्हा का कैप्शन था– ''नई पुस्तक के चक्कर में भूल गया कि कटहल का कोफ़्ता बनाने की तैयारी थी। फिर तो जल्दी–जल्दी सब निपटाना पड़ा..... समय हो तो स्वाद के लिए पधारें....''

अब वो 'पधारें' शब्द पढ़कर आत्मा पिघलने ही वाली थी कि स्मृति–ग्रंथि से कटहल की गोली छलांग मारकर फिर प्लेट में आ गिरी। इस दृश्य ने भीतर कहीं कुछ खौला दिया :

एक घटना, एक कौर, एक कटाक्ष.... जो वर्षों पहले मेरे भोले–भाले शाकाहारी जीवन पर मसालेदार हमला कर गया था। मैं

शाकाहारी हूँ– जन्म से, संस्कार से और उस आत्मा से, जो अँधेरी अंतरात्मा में तुलसी भी नीम लगने लगे, अगर मन में संदेह की हल्की–सी भी छौंक पड़ जाए।

मेरे लहू में घी की सुगंध है, मेरी जीभ पर वो स्वाद, जो कभी चने की चटनी से शुरू होकर 'कोज़ी' की मिठाइयों पर विश्राम लेता है; परंतु 'नॉनवेज़' कभी नहीं– न सपने में, न सपना समझकर।

मगर उस दिन....

उस दिन मेरी थाली में पता नहीं, कटहल था या क़यामत या कटाक्ष या शायद परोसी गई थी 'आस्था की अंत्येष्टि'.....ठीक से कुछ भी नहीं कह सकता।

घटना थी मधुरेश नारायण के 'खाऊ संघ' की, एक ऐसी गैस्ट्रोनॉमिक आतंक संस्था, जिसे खाने से ज़्यादा, खाने को लेकर 'बौद्धिक ज़िहाद' करने में आनंद आता था। संघ के नियम थे– जो नहीं खाना चाहिए, वही खाया जाएगा और बाकियों को भी खिलाया जाएगा।

इस बार उनके भोजन–यज्ञ में मुझे भी आमंत्रण मिला। संभवतः बलि का बकरा बनाने के उद्देश्य से। मधुरेश मुस्कराए, जैसे कोई पंडित बलि की थाली सजा रहा हो– "आज तुम्हारे लिए विशेष व्यवस्था है, कटहल की गोली। बिल्कुल मटन जैसी, मगर पवित्र!"

'पवित्र?'...... मेरे भीतर का तुलसीदास उठ बैठा। 'पवित्र'– यानी धोखे की सर्टिफाइड संज्ञा?

मैंने संशय से पूछा– "ये गोली... हड्डी रहित मटन की कल्पना है या कटहल की क्रांति?"

मधुरेश बोले– "भरोसा रखो मित्र! यह तो रामकृष्ण मिशन के भोग से भी ज्यादा सात्विक है!"

प्रेम बोला– ''मैंने खुद छिलवाकर, कटवाकर लाया है, हाथ धोकर.... गंगाजल से कम नहीं!''

प्रमोद भी कूद पड़ा– ''भई दुकान पर बड़ी सफ़ाई थी। वहाँ क्लीवर भी ग्लव्स पहनकर धोते हैं!''

और मैं... मैं जो विश्वास पर रोटियाँ सेंकता आया था; मैं, जिसने कभी सोया चंक्स को भी शक से देखा था; मैं, उस दिन.... कटहल की गोली को कोई सामान्य खाद्य नहीं, प्रसाद मान बैठा।

पहला कौर.... न मांस, न फल, न कटहल.... जैसे स्वाद ने खादी पहन ली हो, और अब झूठ बोलने का मंत्री बन गया हो।

मैंने चुपचाप खा लिया, क्योंकि पंगत में 'संदेह' उठाना, ठीक वैसा है, जैसे आरती के बीच मोबाइल की रिंगटोन में रावण का ठहाका बज जाए।

मगर... भोज के अंत में जब मधुरेश ने ठहाके के साथ घोषणा की, ''भाई साहब ने आज मुर्गे की जांघ को जय श्रीराम कहकर निगला है!''.... तो मेरी आत्मा ने गंगाजल की होम डिलीवरी माँग ली।

प्रमोद ने चुटकी ली–''कटहल की गोली नहीं, यह तो धर्मांतरित भोजन था!''

प्रेमजी ने जोड़ा– ''बधाई हो, अब आप 25 प्रतिशत जनसंख्या वाली ज़मात में शामिल हो गए हैं!''

और मैं... मैं सोचता रहा.... लोग बुराई को क्यों इतना आकर्षक समझते हैं? क्यों उसे अपनाकर उसमें मज़ा खोजते हैं?

उस रात मैंने उल्टी नहीं की। शरीर ने पेट की ग़लती को माफ़ कर दिया। पर आत्मा....? वो तो वाश–बेसिन नहीं जानती। वो तो हृदय के कोनों में उल्टी करती रही।

कुछ टूट गया था भीतर... न हड्डी थी, न नॉनवेज.... पर कटहल की गोली ने मेरी 'आस्था' की हड्डियाँ तोड़ दी थीं।

अब जब मधुरेश, प्रमोद और प्रेम कभी भी भोज का निमंत्रण भेजते हैं, तो मैं गौशाला में जा बैठता हूँ, जहाँ घास है, गायें हैं, और भरोसा है; क्योंकि वहाँ कोई कटहल को 'कीमा' कहकर परोसता नहीं। पर सोचता हूँ, यदि न गया तो कहीं वही लोग 'शाकाहारी' मित्रता का बहिष्कार न कर दें।

वैसे, आज भी नहीं जानता.... क्या वह वास्तव में नॉनवेज़ था या केवल परिहास....? पर इतना जानता हूँ कि वह एक भोज नहीं था, वह मेरे सिद्धांतों की हत्या थी.... एक रसोईघर से चली उस चम्मचीय शस्त्रास्त्र की चोट थी, जिसने मेरे विश्वास को तवे पर उलट–पलट कर झुलसा दिया था।

पता नहीं मैं शाकाहारी रहा या नहीं, पर मैं सतर्कहारी ज़रूर हो गया हूँ। हर दहीबड़े के नीचे की जाँच करता हूँ, हर पनीर को डीएनए रिपोर्ट की दृष्टि से देखता हूँ.... क्योंकि कटहल की गोली सिर्फ़ भोजन की वस्तु नहीं थी, वह मेरे भीतर का भोला शाकाहारी मारकर एक 'संदिग्ध जीवित' छोड़ गई है।

हाँ, पर सोचता हूँ, कहीं ऐसा न हो कि एक दिन डॉ. सिन्हा सचमुच पुस्तक–विमोचन के बहाने 'कटहल कोफ़्ता रिटर्न्स' कर दें और मैं फिर से ये 'साहित्यिक व्यंजन' खा जाऊँ!........

❖❖❖

राजगीर : बीस रुपये में स्वर्ग–दर्शन

मैट्रिक की पोथियाँ बाँधकर, कॉलेज की चप्पल अभी–अभी पहनी ही थी कि एक अद्भुत महामारी हम मित्रों पर टूटी– 'पिकनिक वायरस'!

यह संक्रमण न भावनाओं से बचा, न बजट से। चारों ओर हरियाली थी– खेतों में भी, दिमाग़ों में भी। सावन के गधों समान हम मस्त थे जबकि जेब में था भयानक अकाल.... बावजूद इसके हमारी आत्मा में अकथनीय उत्साह ठूँस–ठूँसकर भरा था।

हमने सामूहिक घोषणा की– "इस नववर्ष, बुद्ध की धरती राजगीर पर हम अपनी मूर्खताओं की बारात उतारेंगे।"

बुद्ध के ज्ञान को हमने टका–सा मुँह चिढ़ाया और बीस रुपये का नोट लहराकर कहा– "गौतम जी, हम आ रहे हैं, ज़रा गुफाएँ ख़ाली कर देना!"

अब समस्या थी घर से अनुमति लेने की... और उससे भी बड़ी समस्या थी, पैसे की बात नहीं करनी है, वरना खेल ख़राब हो सकता है। हमें भली–भाँति ज्ञात था, बचपन में 'पिकनिक' शब्द

सुनते ही माता–पिता वही चेहरा बनाते हैं, जो चिरैता का सिरप पीते समय बनता है।''

अतः योजना बनी कि अनुमति ली जाए, पर वित्त का नाम न लिया जाए.... और वह भी ऐसी चतुराई से कि माता–पिता को लगे कि दूसरे के माता–पिता ज़िम्मेदार हैं।

मधुरेश ने झूठ ऐसे बोला जैसे लोकसभा में सद्भाव प्रस्ताव रखा जा रहा हो– ''भइया! राजगीर जाने का प्रोग्राम दोस्त सब बना रहा है, देखिए न, हमको भी सब सम्मिलित कर रहा है, क्या करें? प्रमोद के भइया भी जा रहे हैं गार्जियन के रूप में, क्या कहते हैं?''

भइया की लघु मुस्कान से समझ में आ गया था कि बात बन गई। भाभी मंद–मंद मुस्कुरा रही थीं क्योंकि उन्हें तो सच्चाई पता ही थी।

प्रेमजी की भी बात बन गई। उनका तो बस फुफकार ही काफ़ी था। ऐसे भी चाचाजी की बात अलग थी..... मस्तमौला.... हम बच्चों से दोस्ताना व्यवहार **most supportive....**

मेरी बात तो बस भइया की पैरवी से ही बन गई।

प्रमोद घर में करुण शब्दों में बोला– ''हमारे सीनियर हैं, वीरेंद्र भइया, साथ जा रहे हैं।'' अनुमति मिली, पर कठिनाई से।

और वीरेंद्र....?

वह ख़ुद को प्रधानमंत्री समझ बैठे, टूरिज़्म मिनिस्टर, फ़ाइनेंस मिनिस्टर और रेलवे बोर्ड के अध्यक्ष– सबकुछ!

बजट बना 18 रुपये प्रति व्यक्ति.... दो रुपये 'अनिश्चित भविष्य निधि' और 'वीरेंद्र विकास प्राधिकरण' हेतु सुरक्षित। हम सबने मिलकर बीस रुपये उस जेब में डाल दिए, जो पहले से ही सिलवटों और संकल्पों से भरी थी।

प्रमोद ने कंधे पर हाथ रखा और गंभीरता से कहा– ''वीरेंद्र भाई! अब आप ही सब देख लीजिए। सिर्फ़ बजट के भीतर ही चलिएगा, बाहर मत हो जाइएगा, फिर मुश्किल हो जाएगा।''

वीरेंद्र भाई ने गर्दन इस भाव से हिलाई जैसे किसी हवन से पहले ब्रह्मा की प्रतिज्ञा हो– ''मैं क़सम खाता हूँ, बीस से ऊपर फूटी कौड़ी भी नहीं ख़र्च होगी..... भले भोजन में कंकड़ हो या रात में रूम में चूहा....।''

इतिहास गवाह है, उस यात्रा में केवल जेब नहीं, संकल्प भी फट गए।

इसके बाद हमारी 'महायात्रा' शुरू हुई 'तीनबजिया शटल' से, जिसे 'राजगीर शटल' के नाम से भी जाना जाता था। हमारी शान की सवारी थी– 'तीनबजिया शटल', जो समय पर आती थी न जाती थी, पर बिहार की सबसे लोकतांत्रिक ट्रेन थी। टीटीई इसमें प्रायः टिकट नहीं माँगते थे। हम, उबले आलू, मसाले, स्टोव, स्टील की थाली, रबर की चप्पल और सपनों का काफ़िला ले लटकते–पटकते राजगीर स्टेशन पर उतरे।

रात का बसेरा– रेलवे स्टेशन का फ़र्श; शौचालय– आसमान की छत; सोना– धरती की गोद; गद्दा, तकिया– दूसरे का बैग और ख़ुद की ज़मीर....

सुबह कुंड की ओर निकल पड़े पिकनिक और स्वतंत्रता का तड़का लगाते। दूरी कुछ वैसी थी जैसे गौरीकुंड से केदारनाथ। हर मोड़ पर भय, हर क़दम पर पश्चाताप। दूरी पूछने पर लोग बताते, ''बस वही तो है सामने।'' ऐसे करते–करते कुंड आख़िर पहुंच ही गए। स्नान हुआ, खाना बना। हमें पता नहीं क्या बना, पर इतना अवश्य था कि स्वादिष्ट बना, थोड़ा जला तो क्या हुआ....?

वीरेंद्र 'हेड कुक' बने, कुछ कपड़े धोने वाले, कुछ झाड़ू विशेषज्ञ, कुछ प्लेट पोंछक बाबू। मगर खाने से ज़्यादा स्वाद

'स्वतंत्रता' का था। वो आज़ादी जो पहली बार बिना किसी माँ की घुड़की और पिता के टॉर्च के मिली थी।

शाम होते–होते सवाल उठा– अब सोएंगे कहाँ? उत्तर आया घुड़साल–सा रूम है न! देख आए हैं.... सब उसी में आराम से अटक जाएँगे! पाँच बाई सात का.... बस समझ लो, हमारे शौचालय के आकार का.... आज हमारे लिए VIP गेस्ट हाउस है। बिछावन– पुआल, मच्छर– घरेलू, दरवाज़ा– कल्पनात्मक, दीवारें– ''सावधान! भीतर स्वप्न चल रहे हैं।''

हम सब सर फर्श पर और टाँगें दीवार पर टांगकर एक सामूहिक बीमा पॉलिसी की तरह गहरी नींद सोए। जब पेट भरा हो, जेब ख़ाली हो, और सर पर सूरज तमतमा रहा हो, तो इंसान में वही दर्शन जागता है, जो प्रायः वृद्ध संन्यासियों में दिखता है।

हम निकले शांति स्तूप की ओर.... पर चढ़ाई देखकर 'क्रांति' का मन होता था। रोपवे से मज़ा आया। बचे भोजन से वहाँ भी पिकनिक मनी और एक दल से त्रस्त आत्मा ने उनके एक नेता की रेल बम–विस्फोट से मृत्यु पर उत्सव भी मनाया।

टमटम पकड़ा, लकड़ी से बनी वह ऐतिहासिक गाड़ी जो घोड़े की आत्मा और चालक की चाबुक से चलती थी।

इसी बीच हमारे जीवन में एक और 'अवतार' प्रकट हुआ– 'रहोतगी'..... किशोर, पर्यटक या मुख़बिर, कुछ स्पष्ट नहीं, पर बोल ऐसे रहा था जैसे 'पिछले जन्म की लंचबॉक्स साझी स्मृति' हो– ''अरे, यहाँ तो हमने पिछली बार पाँच किलो कढ़ी बनाई थी....''

रहोतगी के आने से हमारे दल में जो 'दिव्य हास्य विकृति' उत्पन्न हुई, वो किसी सर्कस में भी दुर्लभ थी। मगर हँसी वहीं ख़त्म हुई, जहाँ जेब की गहराई– ''अबे, टिकट के पैसे किसके पास हैं....?''

सबका चेहरा ऐसा उतर गया, जैसे समोसे में आलू की जगह टीटीई का चालान भर दिया गया हो।

जेबें टटोली गईं.... गंदा रूमाल, दो और पाँच के चंद सिक्के, लुगदी बना चिट्ठी–चिट्ठी कागज़, जो शायद जेब में रखे ही धुल गया था.... सब निकले, पर पैसे नहीं।

सब जान रहे थे कि अतिरिक्त पैसे सब के पास हैं, पर बलि का बकरा कौन बने?

"बिना टिकट लौटेंगे, जैसे स्वतंत्रता सेनानी अंग्रेज़ों की रेल में चढ़ते थे!"– वापसी यात्रा, 'रेल में रामभरोसे'।

हम स्टेशन पर वैसे मंडरा रहे थे जैसे कॉलेज के बाहर बिना आई–कार्ड छात्र.... संकोच और संभावना के बीच लटका हुआ आत्मसम्मान। हर टीटीई को देखकर साँस ऐसे रुकती थी, जैसे उसने टिकट रसीद नहीं एके–47 निकाल ली हो। बोगी चुनी– जनरल, पूरी गाड़ी में सबसे खटारा। वहाँ बैठने के लिए नहीं, जेल जाने के लिए नैतिक साहस प्राप्त करने हेतु।

वीरेंद्र बोले– "अब सब चुप रहो... टीटीई आए तो उतर जाना है.... फिर दूसरी बोगी.... हर बार.... फिर वही नाटक।"

हम एक बोगी से दूसरी में ऐसे कूदते रहे, जैसे भ्रष्टाचार से बचने की कार्यशाला में ट्रेनिंग ले रहे हों– "पकड़े गए तो कहेंगे कि हम 'रेलवे शोध–छात्र' हैं.... टिकट पर शोध कर रहे हैं।"

टीटीई आया, हम अदृश्य! कोई सीट के नीचे, कोई बैग के पीछे, कोई टॉयलेट के पास ऐसे छिपा था मानो नैतिकता कोई स्कूल असाइनमेंट हो, जो अंतिम दिन में लिखा जा रहा हो।

पटना आ गया।

हम बाहर ऐसे निकले जैसे कोई दुबई से स्मगलिंग करके लौटा हो.... आँखों में राहत, मुँह में मुस्कान और बैग में वही पिकनिक में पहाड़ पर बनी बची हुई पूड़ी–सब्ज़ी।

और तब हमने जाना– बीस रुपये में स्वर्ग मिल सकता है, पर वापसी टिकट नहीं। राजगीर की वह यात्रा पिकनिक नहीं थी, बल्कि वह राष्ट्रीय बजट, झूठ की चतुराई और दोस्ती की प्रयोगशाला थी। वहीं हमने सीखा कि कॉलेज में दाख़िला मिलते ही लोग पैसे नहीं उड़ाते, योजनाएँ उड़ाने लगते हैं..... और ''कोई और गार्जियन साथ जा रहा है....'' उस युग की सबसे सफल **Startup Pitch** थी– सीधा **approval**, बिना **due diligence**। हमारे पास था, बीस रुपये का अभूतपूर्व आत्मविश्वास और एक नेता, जिसने 'टिकट, तिकड़म और तरकारी' का ज़िम्मा लिया था, पर संकट आते ही घुड़साल के कोने में जाकर कहने लगा था– ''सब अपना–अपना जाने.... मैं सिर्फ़ सहयात्री हूँ।''

बिना टिकट यात्रा सिर्फ़ रेल में नहीं होती, हमारी सोच, योजनाएँ और कई बार दोस्ती भी बिना वैध टिकट के चलती है। आज जब उस बीस रुपये के नोट को याद करता हूँ तो लगता है, वह केवल मुद्रा नहीं था, बल्कि संघर्ष, स्वप्न और उस युग की मासूम बेवकूफ़ियों का बटुआ भी था।

राजगीर आज भी वहीं है.... सड़कें नई हुई होंगी, लोग सेल्फ़ी लेते होंगे; पर हमने सीखा कि अब पिकनिक से पहले बजट पास कराना पड़ता है, **Permission Letter** पर माता–पिता की तीन जगहों की सिग्नेचर लेनी होती है.... और रहोतगी जैसे लोग अब फ़ेसबुक पर ट्रैवल इन्फ़्लुएंसर बन गए होंगे, ड्रोन से शूट करते होंगे.... पर भीतर कहीं वो बीस रुपये अब भी बचे हैं, जिससे आज भी कोई टिकट नहीं मिल सकता, पर स्मृति में बैठकर हँसी के साथ कहता है– ''स्वर्ग जाना आसान है, पर बाबू.... लौटने का टिकट साथ ज़रूर रखना।''

❖❖❖

अख़बार और सिने-संकल्प

कभी–कभी मोहल्ले के इतिहास में ऐसे अध्याय दर्ज़ हो जाते हैं, जो न तो अख़बार में छपते हैं, न सरकारी अभिलेखों में जगह पाते हैं; पर वे दोस्तों की यादों में, चाय की प्यालियों में और ठहाकों की गूँज में आजीवन जीवित रहते हैं। यह वही किस्सा है, जहाँ जुगाड़, दोस्ती और फ़िल्मों के प्रति बेमिसाल दीवानगी, सब एक मंच पर इकट्ठे हुए।

उस दौर में जेबें हल्की थीं, मगर ख़्वाब भारी। टिकट के दाम चौथाई किलो चीनी के बराबर, और जेब में खनक रद्दी के भाव बराबर; फिर भी, सिनेमा का रोमांच ऐसा कि मानो जीवन की सबसे बड़ी आध्यात्मिक यात्रा हो। बस फ़र्क इतना कि मठ–मंदिर की सीढ़ियों की जगह एलिफ़िन्स्टन, रिजेंट और वीणा सिनेमा की कतारें थीं।

और इन कतारों में सबसे आगे खड़े रहने वाले थे, प्रेम और अर्जुन, जो सिर्फ़ दोस्त नहीं, बल्कि योजनाकार, स्वघोषित आर्थिक विशेषज्ञ और 'मिशन इम्पॉसिबल' के देसी संस्करण के स्थायी सदस्य। दो दोस्त, जिनके चेहरे पर भोलेपन की चुनर तनी रहती

थी, लेकिन दिमाग में 'ख़ुराफ़ात विभाग' की पूरी कैबिनेट बैठी रहती थी। यह जोड़ी थी, 'मिशन इम्पॉसिबल' का मोहल्ला एडिशन।

इनके लिए फ़िल्म देखना महज़ समय बिताना नहीं था। यह एक संकल्प था, एक सांस्कृतिक कर्तव्य, जिसे निभाने के लिए ये अख़बार, ख़ाली बोतलें और कबाड़ी तक को पवित्र साधन मानते थे। दोस्तों की भाषा में कहें तो ये थे 'अख़बार से सिनेमा टिकट बनाने की अंतर्राष्ट्रीय समिति' के संस्थापक सदस्य।

इनकी दोस्ती भोलेपन का वह नमूना थी, जिसे देखकर मोहल्ले की चाचियाँ अपनी चुनरी के कोने से पान का रस थूककर कहतीं– ''हाय! देखो कितना मासूम दोस्ताना है, जैसे जय और वीरू।''

ओम, चाची की तरफ़ देखकर मुस्कुराता और मन ही मन बुदबुदाता– ''चाची जान ल.... सीधके गईया लुगवा, चवावऽ हई।''

इस भूमिका के बाद आगे जो कुछ घटा, वह न तो महज़ सिनेमा टिकट की दास्तान है, बल्कि उस दौर का जीवंत कोलाज है। टनटन भाजा और दस नये पैसे के गाने की क़िताब का अस्तित्व सिनेमा हॉल तक सीमित था, कबाड़ी वाला मोहल्ले का निजी बैंक था, और दोस्ती का मतलब था, साझा ठहाका, साझा ख़तरा और हॉल में साझा 'स्टूडेंट क्लास' की सीट।

अब असली कहानी शुरू होती है।

अभी वीणा सिनेमा में 'बॉबी' का बाज़ार ठंडा भी नहीं पड़ा था कि उधर एलिफ़िन्स्टन में 'शोले' डिजिटल रीमास्टर के साथ फिर से गरम हो गया। प्रेम और अर्जुन की आँखों में चमक दौड़ गई, जैसे छप्पन भोग के बीच फँसी भूखी आत्मा को अचानक मटर–पनीर की ख़ुशबू मिल जाए। लेकिन जेब में वही सदाबहार खड़खड़, जिसे हिलाने पर बस आत्मसम्मान की आवाज़ आती थी।

अब प्रेम–अर्जुन को सिनेमा देखना है, वह भी बिना एक पैसा ख़र्च किए। यहीं उनके दिमाग की वह खिड़की खुलती थी जो आम बच्चों में बंद ही रह जाती है– 'ख़ुराफ़ात विभाग की ख़ुफ़िया शाखा।'

''प्रमोद! दो–चार अख़बार होगा क्या?''– भोला चेहरा, लेकिन भीतर चालाकी का पूरा मसौदा तैयार।

दोनों ने मोहल्ले के हर संभावित 'अख़बार–धारी' दोस्तों के घर दस्तक देना शुरू किया। चेहरा ऐसा जैसे अभी–अभी शिवजी की तपस्या पूरी करके उतरे हों। बस, हर जगह वही मासूम सवाल– "अख़बार होगा क्या? थोड़ा–सा दे दो.... दो–चार दिन का.... बस काम है.... कुछ देखना है.... पर पता नहीं किस तिथि को निकला है।''

बेचारा प्रमोद सोच में.....''शायद किसी ज़रूरी न्यूज़ की खोज है..... कोई विज्ञप्ति देखनी होगी या क्रिकेट का स्कोर।'' अख़बार थमा दिया।

हद तो तब हुई जब प्रमोद ने देखा, उसका पूरा स्टूल ख़ाली..... और बाद में पता चला कि बड़े भ्राताश्री विनोद से भी वही 'थोड़ा–सा' अख़बार उड़ा लिया गया है।

ओम, मधु.... सभी के साथ वही स्क्रिप्ट..... मासूमियत की ऐसी ब्रांडिंग कि लोग फँसते चले गए।

सात–आठ ठिकानों से 'थोड़ा–थोड़ा' अख़बार बटोरकर, दोनों सीधे उसी कबाड़ी की दुकान पहुँचे, जो मोहल्ले के बच्चों की 'उधारी छूट' के लिए मशहूर था।

कबाड़ी ने आँख मारते हुए पूछा– ''प्रेम बाबू, फिर कोई प्रेम कहानी देखने जा रहे हो?''

''ना जी, इस बार तो धमाका है.... गब्बर आया है।'' अर्जुन ने मुस्कुराते हुए जवाब दिया।

अख़बार बिके ठीक दस रुपये में। उस ज़माने में बालकनी का टिकट 4/– रुपये और स्टूडेंट क्लास 2.75 रुपये। दोनों ने फ्रंट–रो में सीट पकड़ी। कंधा झुलाते, गर्दन ऊपर टिकाए, आँखों में तपस्वी के व्रत–फल जैसा संतोष....। टनटन भाजा नहीं ख़रीदा, लेकिन बाहर निकलते हुए ऐसे बहस छेड़ दी जैसे फ़िल्म के निर्देशक वही हों..... ''गब्बर का डायलॉग.... वाह! प्राण को फेल कर दिया न प्रेम?''

''हाँ.... लेकिन बसंती की आवाज़ में असली फ़ीलिंग नहीं थी.... हेमामालनी थी, बस यही थोड़ा संतोष था.....''

सिनेमा हॉल से लौटते हुए अर्जुन नीम–पत्ते की तीली मुँह में घुमाते सोच रहा था..... ''भाई, गब्बर गया.... अब अगला कौन?''

तभी प्रेम ने पसीना पोंछते हुए घोषणा की, जैसे कोई वित्तमंत्री बजट पेश कर रहा हो– ''चार रुपया पचास पैसा बच गया है!..... ओम और वीरेंद्र कह रहे थे, एलिफ़िन्स्टन में 'बलम परदेसिया' लगी है.... पूरा ग्रुप जा रहा है.... ग्रुप में चल चलें?''

अर्जुन ने जूता सीधा किया, ओम ने कॉलर चढ़ाया और वीरेंद्र पहले से तैयार, मानो फ़िल्म का 'स्थानीय संवाददाता'।

ओम की आँखों में चमक थी, बोला– ''पूरा ग्रुप जा रहा है. ... और भाई, गाना तो बेजोड़ है! 'बलम परदेसिया' सुनते ही छाती से पसीना निकलता है और आँखों से भोजपुरी!''

पुनः अर्जुन सक्रिय, कबाड़ी के दर्शन.... इस बार कुछ काँच की बोतलों और अख़बार की 'इक्विटी योजना' के साथ।

कबाड़ी ने पूछा– ''अबकी कौन–सी मूवी?''

अर्जुन ने तपाक से कहा– ''इस बार दिल का नहीं, गाने का भूत सवार है। बलम परदेसिया.... अहा.... छौरी पतरकी.... सुनते ही तन–मन पर साड़ी लहराने लगती है।''

एलिफ़िन्स्टन, जहाँ सीट भले न मिले, पर साउंड दिल तक उतर जाता।

सभी मित्र समय से पहले कतार में..... ओम विश्लेषण मोड में.... "देखो प्रेम, एलिफ़िन्स्टन का फ़ायदा यह है कि यहाँ बालकनी नहीं होती, पर इमोशन्स छत से गिरते हैं।"

सिनेमा शुरू.... पहला गीत बजते ही वीरेंद्र खड़ा.... "कसम से, गाना नहीं, लग रहा है, लग रहा है सामने वाली खिड़की में कोई पियाज़ छौंका रहा है!"

अर्जुन ताल मिलाए, प्रेम भी सुर में सुर.... बोला– "अर्जुन! पचास पैसा बचलउ हल न, एगो गाना के किताब ले लें...." जबकि मधुरेश मन ही मन प्रफुल्लित हो हँसता रहा और पीछे बैठा प्रमोद न जाने क्यों ख़ौल रहा था।

फ़िल्म से लौटने के बाद दूसरी हलचल.... प्रमोद रिपोर्टिंग मोड में.... "तीन अख़बार लापता.... चार मोहन मेकिंस की बोतलें... जो गुलदस्ता बनाने के लिए रमेश भइया से माँगकर लाया था, ग़ायब..... जैसे कबाड़ी के पास.... बैक–टू–बैक बुकिंग।"

वह फुसफुसाया– "अब ये एलिफ़िन्स्टन में नहीं, जेलफ़िन्स्टन में जायेंगे।"

अर्जुन के बड़े भाई शत्रुघ्न जी ने पूछा– "अबकी रविवार को दोनों कहाँ गया था?"

"महावीर स्थान.... बलराम कथा चल रही थी।"

ओम बगल से टपका– "शत्रु भाई, बलराम नहीं.... बलम परदेसिया! कथा में भाव थे और थिएटर में ताल.... जाइए, आप भी देख आइए।"

आज भी, जब इस क़िस्से का ज़िक्र होता है, प्रेम अपनी जेब से मोबाइल निकालकर मुस्कुराता है– "देखो बलम.... अब इसका

रीमेक आ गया है, लेकिन असली वाला तो बस एलिफ़िन्स्टन में था।''

ओम चाय की चुस्की लेकर जोड़ता है– ''अब न अख़बार है, न कबाड़ी.... लेकिन जुगाड़ और जज़्बा अगर देसी हो, तो टिकट की लाइन कभी नहीं रुकती।''

प्रेम, प्रमोद की ओर देखते हुए बगल से कटाक्ष मारता है– ''भाई, अब तो सब अलर्ट हो गए हैं.... स्टूल की चेकिंग होती है और.... अख़बार की गिनती भी!''

बचपन बीत गया, सिनेमाघर मल्टीप्लेक्स हो गए और अख़बार डिजिटल; लेकिन दोस्तों की महफ़िल में जब भी वह शाम याद आती है, 'अप्सरा' के नए हॉल का पहला दिन, अंतिम शो, तो हँसी अपने–आप खिंच आती है।

फ़िल्म 'शोर' के उस शोर में, अर्जुन शिव के फनधारी सर्प की तरह भीड़ के मस्तक पर फिसलता हुआ टिकट काउंटर तक पहुँचने वाला ही था, पर खिड़की से कुछ ही क़दम पहले, एक दबंग ने उसे नेवले की तरह दबोचकर ज़मीन पर पटक दिया। प्रमोद यह दृश्य सुनाते–सुनाते अपनी चाय कपड़ों पर छलका लेता है, अर्जुन होंठ भींचकर मुस्कुरा देता है, और प्रेम, अपने मोबाइल पर वही पुराना ट्रेलर चलाकर कहता है– ''भाई, अख़बार डिजिटल हो गया, पर टिकट का जुगाड़ आज भी वही एनालॉग है।''

फिर शुरू होता है ठहाकों का सिलसिला.... कोई प्रमोद की 'जासूसी डायरियाँ' चिढ़ाता है, कोई अर्जुन की पुरानी चालाकियों पर तंज़ कसता है, कोई प्रेम की 'स्मार्टफोनिया' का मज़ाक उड़ाता तो ओम प्रोटेक्ट करता है; क्योंकि ओम के रेगुलर मज़ाक का टूल तो प्रेम ही था, सेन्स ऑफ़ ह्यूमर से लबरेज़..... पर उसी कोने में, मधुरेश चुपचाप अपने ही लिखे गाने को गुनगुनाते हुए, अपने कप से उठती भाप को दार्शनिक की तरह देखता.... वह भाप कुछ

पुरानी–सी थी, जिसमें धूल, स्याही और रद्दी अख़बार की गंध घुली थी।

किसी ने उससे पूछा नहीं और उसने बताया भी नहीं.... बस होंठों पर एक ठगी और ठिसुआई–सी मुस्कान लिए बोला– ''अरे, सिनेमा के लिए तो जोड़ी ने चीनी का परमिट भी.....''

पर हल्ला...? हल्ला कभी नहीं हुआ। क्योंकि ऐसे मामलों में दोस्त मुस्कुराकर चुप रहना जानते थे।

मधुरेश के चेहरे की वह ठिसुआहट भरी मुस्कान नाजायज़ नहीं थी, पर एक्सपायरी डेट बहुत पहले ही पार कर चुकी थी।

❖❖❖

गृहस्थी का रणक्षेत्र

गार्जियन

यह जीवन नहीं, एक याचना–पत्र था, जिसे चाचाजी ने 'गार्जियन–संहिता' के चरणों में अर्पित कर दिया था। स्वयं को स्वतंत्र प्राणी मानने की भूल अब वे नहीं करते। हर निर्णय से पहले, एक मन्त्र मुख से फूटता– ''यद्यपि हम पिता हैं, तथापि अनुमति गार्जियन से लेना आवश्यक है!''

'अनुराग' को अनुराग हुआ– 'यथानामतथागुणम' और परिणय सूत्र में बँध भी गए।

माता–पिता की स्वीकृति मिली तो सही, पर जैसे शूल को फूल मानने की बाध्यता होती है, कुछ वैसी ही स्वीकृति। अंदर ही अंदर, उनके भाव एक शिष्टाचारपूर्ण असहमति के झरने में बहते रहे।

अब कथा का असली नायक, मित्र 'नारायण' मंच पर आया, जिसने प्रेम–कथा के दो सिरों को सुई–धागे से जोड़ दिया। वह, जो स्वयं को मित्र मानता था, पर चाचाजी के लिए वह घोषित

'गार्जियन' बन चुका था.... हाँ, गार्जियन, ऐसा गार्जियन, जो बिना शक्ति के प्रत्यायोजन के ही बारात का अग्रिम पथ–प्रदर्शक हो गया था!

'गार्जियन'– यह कोई साधारण संबोधन नहीं था। यह एक युगांतकारी पद था, एक ऐसा हस्ताक्षर, जो प्रेम–कथा के पृष्ठों पर अनकही असहमति की लाल स्याही से दर्ज़ हुआ था।

अब जहाँ–जहाँ वह मित्र प्रकट होता, चाचाजी उसे मूक व्यंग्य की दृष्टि से निहारते। कोई परिचित अथवा कोई साझा मित्र आता, तो बड़े स्नेह से परिचय कराते– ''यह हैं हमारे बेटे के गार्जियन।''..... जैसे कह रहे हों, बेटे के फ़ैसलों के थैले में हमने तो बस सामान रखा था, पर चाबी तो इन्हीं के पास है।

पारिवारिक गोष्ठियों, चर्चाओं में जब–जब विवाह की बात निकलती, मित्र नारायण का नाम लेते ही हल्की खाँसी आने लगती, जैसे शब्दों के साथ–साथ कंठ में कोई उलझन–सी आ गई हो.... और चाचाजी ठहराव के साथ हम लोगों की ओर इंगित कर कहते– ''क्या बेटा! हम सब का गार्जियन भी तो अब यही है न? कुछ पूछना हो तो इसी से पूछ लो।''

बेचारा नारायण, हँसता, सकुचाता, अपनी झेंप मिटाता, एक घोषित अपराधी–सी मुस्कान लिए जानता था कि सज़ा तो भुगतनी ही पड़ेगी, भले ही अपराध, 'अनुराग' के अनुराग को सफल बनाने जैसे पुण्य कार्य के लिये ही क्यों न किया गया हो।

समय बीता, पर 'गार्जियन' शब्द ज्यों का त्यों अनुराग के घर की दीवार पर टँगा रहा, जैसे कोई सीलन की महक, जो अगरबत्ती से भी दूर नहीं हो रही हो।

और अनुराग.... अपूर्व, शैलेंद्र, सुशील और मुझ जैसे शरीफ़ मित्रों से हँसी–ठिठोली में नारायण की ओर इंगित करते हुए कहता–

''यही तो हमारे जीवन के गार्जियन हैं भई.... अब तो शायद मेरे पेरेंट्स के भी गार्जियन हो गए हैं!''

समय का चक्र घूमा....

अब वही नारायण जो कभी 'बिना पावर ऑफ डेलिगेशन' के बारात में ढोल बजा रहे थे, अब वह विवाह का निर्णायक नहीं, बल्कि गृहस्थी के शिल्पकार बन बैठे। अनुराग की चौखट पर अकेले चाचाजी के संग चाय पीते, कैरम और ताश खेलते पकड़े जाने लगे और हम तीन–चार कथित शरीफ़ मित्रों को पत्ता कटने जैसा एहसास होने लगा।

अब, गार्जियन जी से पूछा जाता– ''बिस्कुट खाओगे नारायण.... चाय में चीनी कम तो नहीं है न नारायण.... नमक ठीक लग रहा है न नारायण.... देखो! प्लेट पूरा ख़त्म करो, कुछ भी छोड़ना नहीं है.... आदि–आदि।''

और हम मित्रगण, जो कभी चौपाल के राजा थे, अब दालान के द्वार पर खड़े चुपचाप मुस्कुरा रहे थे। हमारे स्नेह के सभी पत्र जैसे 'रिटर्न टू सेंडर' या 'एड्रेस चेंज़्ड टू गार्जियन' हो गए.... गार्जियन उर्फ़ नारायण.... विवाह का निर्णायक ही नहीं, बल्कि गृहस्थी के शिल्पकार भी।

रिसेप्शन पर अनुराग–बहू को क्या उपहार देना चाहिये, गार्जियन से पूछा जाता.... कपड़ों का डिज़ाइन क्या होगा, गार्जियन से पूछा जाता.... हनीमून का डेस्टिनेशन कहाँ होगा, गार्जियन से पूछा जाता.... गाइड कैसे किया जाएगा.....? अरे! गाइड क्या करना है, गार्जियन साथ जाएगा न।.....

नारायण घर में तो ऐसे घुसता, जैसे किसी कैंपस के डीन हों.... और हम सब उनके चेले–चपाटी। हमें देखता, तो गर्व से ऐसे

मुस्कुराता, जैसे कहता हो– "भाइयो, तुम लोग तो दोस्ती निभाते रह गए, मैं तो गार्जियनशिप में प्रमोट हो गया....!"

जब कभी दोस्तों की महफ़िल जमती, तो वह बाक़ायदा नव–संस्कारित अभिभावक की तरह बोलता, शिक्षा देता, जैसे सचमुच ही अभिभावक हो गया हो। बहरहाल, हाल यह हो गया था कि घर के हर कोने में नारायण जी की उपस्थिति मानो सर्वत्र व्याप्त ब्रह्म की तरह महसूस होती थी।

..... और बाक़ी मित्र.....?

बाक़ी मित्र बाहर चौकी पर बैठकर कैरम–बोर्ड खेलते हुए एहसास करते थे जैसे कोई उसे कहता हो– **DND (Don't Disturb)....** मित्रगण! कृपया घंटी न बजाएँ।

सच! यही तो जीवन है.... एक याचना–पत्र से सहमति–पत्र की यात्रा, जिसे समय, समझ और सबके स्नेह ने मिलकर हस्ताक्षरित किया।

❖❖❖

भुलक्कड़ पति की गाथा

समय की पगडंडियों पर चलते–चलते, जब फेसबुक की स्मृतियों और व्हाट्सऐप के गुड मॉर्निंग समूहों से टकराकर लौटता हूँ, तो मन सहसा उन दिनों की यादों पर धूल झाड़ने लगता है, जब मुलाक़ातें बिना कैमरे के होती थीं, बातें बिना इमोजी के समझी जाती थीं, और विदाई बिना स्टेटस अपडेट के निभाई जाती थी।

ऐसा ही एक दिन था चांदमारी रोड पर प्रमोद जी से मिलने का। प्रमोद जी, हमारे वही अंतरंग मित्र, जिनके यहाँ पहुँचना मानो किसी अनौपचारिक सम्मेलन में शामिल होना होता था। उनके घर की बैठक उस समय के लोकतंत्र की असली संसद थी, जहाँ चायपत्ती से लेकर राजनीति तक, और पड़ोसिन की रसोई से लेकर नेहरू की विदेश नीति तक, सब पर बहस होती थी।

मैं अपनी पत्नी नीलू के साथ पहुँचा। नीलू और प्रमोद जी की पत्नी गप्प में यूँ लीन हुईं, जैसे लोकसभा का वह सत्र जो अनिश्चितकाल तक मुल्तवी हो चुका हो। मुझे तो पक्का यक़ीन है कि अगर दो स्त्रियाँ गप्प में जुट जाएँ, तो संसद का सत्र भी समय पर समाप्त हो सकता है, पर उनकी बातें कभी नहीं।

उधर हम दोनों अपनी राजनीति और दार्शनिक चिंतन में डूबे थे। समय ऐसा बीता, मानो घड़ी ने हाथ जोड़कर स्वेच्छा–सेवानिवृत्ति ले ली हो। पर हर मुलाक़ात का एक कड़वा सच होता है– विदाई का क्षण।

शाम ढलने लगी तो मैंने अपनी 'ज़िम्मेदार पति' वाली मुद्रा अपनाई– ''चलो नीलू, देर हो जाएगी। 'बाटा' जाना है, चप्पल लेनी है, दुकान बंद हो जाएगी।'' नीलू मुस्कुराई, वह मुस्कान, जो किसी स्त्री के अंदरूनी व्यंग्यात्मक भाषण का संक्षेप होती है।

पति–प्रजाति के चरित्र का वैज्ञानिक अध्ययन अगर कभी हुआ, तो उसका पहला अध्याय यही होगा– ''याददाश्त का असंतुलन।'' इन्हें आवश्यक बातें कभी याद नहीं रहतीं– जैसे शादी की सालगिरह, पत्नी का मायका–प्रस्थान समय, या बिजली का बिल; पर अनावश्यक बातें जीवन भर याद रहती हैं– मोहल्ले की काकी का बासी चुटकुला, स्कूल के टिफ़िन का मेन्यू या चुनावी रैलियों का माइक–साउंड।....

मैं भी इसी गौरवशाली प्रजाति का एक नमूना हूँ।

मैंने स्कूटर स्टार्ट किया। वही स्कूटर, जो शादी में ससुराल से मिला था, एक दहेज–जनित चालित स्वीकृति। सोचा– ''कितना ज़िम्मेदार पति हूँ, पत्नी को शॉपिंग ले जा रहा हूँ।'' लेकिन ज़िम्मेदारी का स्विच न जाने कब ऑफ़ हो गया।

बाटा की दुकान पहुँचा और जब पीछे पलटा तो सीट थी, पर सीट पर बैठने वाली नहीं थी। क्षणभर को लगा कि यह कोई तांत्रिक मायाजाल है, जैसे पत्नी हवा में भूतनी की तरह विलीन हो गई हो। फिर सोचा, यह शायद 'अंतरात्मा की चेतावनी' है– ''बेवकूफ़, घर में अब और चप्पल मत लाना, पहले ख़ुद सँभलना सीख।''

मैं बेचैन होकर मैनहोल और गड्ढों को झाँकने लगा। रोड की स्थिति ऐसी थी, जैसे लगता था यहाँ कभी रोड रहा होगा। उन दिनों प्रदेश का वातावरण ही ऐसा था कि हृदय में डर समा गया।

तभी दूर से नीलू आती दिखीं, प्रमोद जी के साथ। नीलू के चेहरे पर वह भाव था, जो सिर्फ़ दो मौक़ों पर दिखाई देता है, जब पत्नी को पता चले कि पति ने दूध के पैसे से तम्बाकू ख़रीदा है या जब पति उसे स्कूटर पर बैठाना भूल जाए।

प्रमोद जी ठहाके लगा रहे थे। और मैं मन ही मन सोच रहा था कि काश, धरती फट जाए और मैं उसमें समा जाऊँ।... लेकिन पत्नी की नज़रों में धरती तो कब की फट चुकी थी और उसमें मैं दफ़्न भी हो चुका था।

उस दिन एक शाश्वत सत्य स्थापित हुआ– ''पति चाहे कितना भी आधुनिक क्यों न हो, पत्नी को भूल जाने पर वह उतना ही प्राचीन लगेगा, जितना हरिश्चंद्र का कर्ज़।''

अब घर में जब भी कोई ग़लती हो जाती है, नीलू बस मुस्कुरा कर तीर चला देती हैं..... ''पति नाम का प्राणी वही है, जो दहेज का स्कूटर तो सँभाल लेता है, सात फेरे भी याद रख लेता है, पर सीट पर बैठी अपनी पत्नी को भूल जाता है। अब बताओ, दिमाग़ की डिलीवरी कहाँ से कराऊँ....?''..... और मैं समझ जाता हूँ कि गृहस्थी की संसद में सत्ता चाहे मेरी हो, पर विपक्ष की जीत हमेशा पक्की है।....

❖❖❖

स्वयंभू कुकिंग मास्टर

बेटे के अचानक बीमार पड़ने के कारण मैं और मेरी पत्नी नीलू बैंगलोर में डेरा डाले हुए थे। बीमारी में भी बच्चों के बीच एन्जॉय कर रहा था। लेकिन विधाता को कुछ और ही मंजूर था। अचानक ऐसा 'महत्वपूर्ण' काम आ पड़ा कि मुझे अकेले ही पटना लौटना पड़ा।

अब समस्या ये थी कि रसोई मेरे लिए उतनी ही अनजानी थी जितनी किसी गणितज्ञ के लिए रूहानी मुहब्बत। फिर भी, आत्मनिर्भर भारत के जोश में मैंने फ़ैसला कर लिया कि अब अपनी चाय–नाश्ते की व्यवस्था ख़ुद करूँगा!.... उत्साह चरम पर था, सो यूट्यूब पर तुरंत टाइप किया "5 मिनट में झटपट स्वादिष्ट नाश्ता"। वीडियो देखते ही आत्मविश्वास पगलाने लगा.... अरे, ये तो बच्चों का खेल है!.....

बड़े उत्साह के साथ किचन में प्रवेश किया। गैस जलाई, पैन चढ़ाया.... फुल फ़ॉर्म में था पर 'प्रथम ग्रासे मक्षिकापातः'..... पैन का हैंडल भी तपा हुआ था सो उंगली जल गई, दर्द हुआ, लेकिन

इगो नहीं जला। सोचा, योद्धा घायल तो होता ही है, पर क्या वह मैदान छोड़ देता है.....?

अब आया 'तड़के' का टास्क। तेल डाला, जीरा डाला.... जीरा नाचा, और बचने के लिए मैं भी नाचा। आधा तेल हवा में घुल गया, आधा मेरी टी–शर्ट पर ढल गया और ख़ूबसूरत पेंटिंग बन गयी। लेकिन मैंने इसे आधुनिक कला का हिस्सा मानकर अनदेखा किया और ख़ुद को यह कहकर बहलाया– वाह! तुझमें तो पिकासो छुपा बैठा है!....

फिर आया प्याज काटने का क्रम। पहली स्लाइस काटते ही आँसू ऐसे फूटे जैसे 'कभी खुशी कभी ग़म' का क्लाइमेक्स लाइव देख रहा हूँ। हर कट पर ख़ुद को समझाता रहा– मुझे तो कोई फ़र्क ही नहीं पड़ता..... और आँसू झर–झर बहते रहे।

आख़िरकार, किसी चमत्कारिक प्रक्रिया के बाद 'भुर्जी' जैसी एक विचित्र रचना तैयार हुई, जो रंग–रूप से रसोई के अपशकुन की तरह दिख रही थी। लेकिन मैंने ख़ुद ही उसे 'इंडो–फ़्यूज़न कुकिंग' का तमग़ा दिया और प्लेट में सजा दिया मानो मास्टरशेफ़ इंडिया के जज मुझे अभी ट्रॉफ़ी पकड़ाने ही वाले हों।.....

अब बारी आई टेस्ट करने की..... लेकिन.... जैसे ही पहला निवाला मुँह में गया, आत्मा तड़प उठी। स्वाद ऐसा जैसे किसी भटकी हुई आत्मा ने नर्क और स्वर्ग के बीच चाय–बिस्किट का ठेला लगा रखा हो। मुँह में झनझनाहट, गले में पश्चाताप और दिमाग में इको होता एक ही सवाल– 'क्यों.....?'

उसी क्षण मैंने जीवन का एक मौलिक सत्य खोज निकाला कि आत्मनिर्भरता अच्छी चीज़ है, पर कुछ काम ईश्वर, श्रीमती जी और जोमैटो पर छोड़ देने चाहिए!....

❖❖❖

नर्सरी और नरसंहार

रविवार की सुबह थी.... चाय की प्यास, कविता की आस और विश्राम की स्वाभाविक आकांक्षा, तीनों मेरे अंदर पल्लवित हो रही थीं, तभी नीलू की जयघोष सुनाई दी– ''उठिए! आज तो टेरेस–गार्डेन में क्रांति करनी है!''

मैंने आँखें मींचीं, शायद कोई स्वप्न होगा। परन्तु आवाज़ दोबारा आई, इस बार फावड़े की गूँज के साथ..... ''नीशू (पुत्र) को भी उठाइए, छत की कायाकल्प यात्रा आज करनी है!''

नीशू, जो रविवार को स्वयं को 'नन वायलेंट गाँधी' घोषित कर गहरी नींद में प्रवेश करता है, कसमसाता हुआ बोला– ''मम्मी! तुम पापा से बागवानी करवा रही हो या उन्हें दंड दे रही हो.... और हमको क्यों उठा रही हो?''

नीलू ने उसकी मासूम चिंता को दरकिनार करते हुए, बीजों का थैला, गोबर की पोटली और फावड़ा मेरे सामने रख दिया, मानो कुरुक्षेत्र का दृश्य हो और मैं शांति का दूत नहीं, हल–बैल होऊँ।

मैंने एक अंतिम प्रयास किया, ''नाश्ता तो मिल जाएगा ना?''

नीलू बोली, ''तुलसी की चाय, धनिया के पराठे और टमाटर की चटनी.... सब आपकी मेहनत से ही आएंगे। अभी आप मिट्टी में लगिये.... आज वही आपका 'काव्य–क्षेत्र' है!''

छत पर कार्य विभाजन हुआ–

नीलू– गार्डनिंग की प्रधानमंत्री....

नीशू– सोशल मीडिया मंत्री....

मैं– खाद, गोबर और ख़ामोश पीड़ा विभाग.....

नीलू ने आदेश दिया– ''एलोवेरा वाले हिस्से को उंचा करना है.... मिट्टी लाइए!''

मैंने डरते–डरते कहा– ''अरे! मिट्टी तो ख़त्म हो गई....

वो बोली– ''तो क्या हुआ? नीचे पार्किंग स्पेस में पड़ी है। दो बाल्टी में तो हो ही जाएगा.... कवियों को तो धरती से जुड़ाव होना ही चाहिए!....''

मैं जुड़ता गया। इतना जुड़ गया कि पीठ की हर नस 'वृक्ष की जड़' बन गई और हाथ ऐसे कांपने लगे जैसे किसी हाइकू में अलंकार बचा हो।

नीशू इंस्टा पर स्टोरी डाल रहा था– ''**Real Pain- Real Plants- Real Papa-**''

नीलू ने मेरी फोटो खींची, गोबर से सनी मुस्कान के साथ .....ये है असली सहचर! जो खाद में भी सौंदर्य खोज ले!....

इस बीच मैंने मन ही मन सोचा, काश! मैं भी मधुरेश नारायण जैसा होता, जिनकी पत्नी उनके लेखन में शीर्षक सुझाती हैं, मेटाफ़र पर विमर्श करती हैं, व्याकरण और वर्तनी सुधारती हैं, और.... ग़ज़लों की बहर पकड़ती हैं......

और इधर मेरी पत्नी..... मेरे हाथ में 'गद्य' नहीं, गमलों की गुदाई पकड़ाती हैं, ग़ज़ल–कविता नहीं, गोबर–मिट्टी उठवाती हैं, पेन नहीं, पेस्टेसाइड्स थमाती हैं.....

नीलू का कहना है– ''आपको साहित्यिक अभिव्यक्ति चाहिए तो तुलसी के आसपास बैठना चाहिए, प्रेरणा तो वहीं से मिलेगी!''.. ... और सच कहूँ, अब प्रेरणा तो आती है, पर वह प्रायः मच्छर की भिनभिनाहट और खाद की सुगंध के साथ।......

और.... दिन ढलते–ढलते छत किसी 'बोटैनिकल कविता संग्रह' जैसी दिखने लगी।

नीलू की आँखों में चमक थी, बोली– ''अब मेरा सपना पूरा हुआ!....''

मैंने थक कर पूछा– ''और मेरा सपना....?''

नीलू बोली– ''वो तो आपने गमलों में बो दिया.... अब देखिए, उसमें क्या–क्या उगता है!''

अब जब कोई पूछता है, आपकी बगिया इतनी सुंदर कैसे है..... तो नीलू कहती हैं, मेरे श्रम और अनुशासन से!.....

और मैं नीशू से फुसफुसाकर कहता हूँ, ''बेटा, पेड़ की पत्तियाँ नहीं, उसके नीचे दबे पापा की कराहती कवितायें सुनो...''

अब मेरा प्रत्येक रविवार 'गार्डनिंग का गीता–पाठ' बन चुका है, जहाँ कर्म ही धर्म है.... फल की आशा न कर, क्योंकि फल तो नीलू पहले ही तोड़ ले जाती है..... और कुछ मुस्कुराते चेहरे के साथ नीलू के फ़ेसबुक पर, और बाक़ी नीशू के इंस्टा पर अपलोड हो जाता है।

अब साहित्य छुपाकर लिखता हूँ.... दिखाकर 'गमलों के शिलालेख' रचता हूँ, जहाँ हर फूल के नीचे एक अधूरी कविता दबी पड़ी है।

❖❖❖

ख़ासमहल एस्कॉर्ट सर्विस

बबन चच्चा की माँ, या कहें, हमारे गाँव की दादी का हमारे घर आना–जाना हफ़्ते में एक–दो बार तो तय ही था। ख़ासमहल की बारीक और व्यस्त गलियों से निकलकर वह हमारे घर में इस आत्मीय अधिकार के साथ प्रवेश करतीं, मानो किसी पुराने राजघराने की वरिष्ठ रानी अपने मायके आई हो।

घर में घुसते ही माँ और छोटी माँ के संग चौके–चूल्हे, बहुओं की गुटुरपुटुर, कोइली (गांव) की थूक–फेंक राजनीति, कुटरू दादाजी, प्रकाश दादाजी, रुपलाल, झरिलबा, मोहना और महंथ जी आदि पर जमकर चर्चा शुरू हो जाती थी। दोपहर से आरंभ यह स्त्री–परिषद् अक्सर साँझ तक खिंचती जब उन्हें अचानक याद आता कि ''बाप रे बाप केतना देरी हो गेलइ! घरो त जाए के है....रे ! के ले चलत?''

और यहीं से शुरू होता था हमारे ऊपर एक विशेष कार्यभार– 'ख़ासमहल एस्कॉर्ट सर्विस' का....

अब इस 'फ़ील्ड असाइनमेंट' की ज़िम्मेदारी दो में से किसी एक को मिलनी ही थी, यदि देवेश घर में उपलब्ध हो, तो निस्संदेह

वही.... और अगर वह नहीं हो, तब, हम.... यानी, दुर्भाग्य का अगला उम्मीदवार.....

माँ, जो इस ऑपरेशन की Chief Operations Officer थीं, आदेश देतीं एक विशेष 'कोडवर्ड' में.... ''रे बउआ! तनी दादी (बबन बऊआ के माए) के ख़ासमहल तक छोड़ दऽहि त!....''

यह वाक्य न अनुरोध होता था, न आदेश.... यह संयुक्त परिवार का इमरजेंसी अलर्ट होता था, जिसका अर्थ होता, ''तुरंत, मुस्कराते हुए, और बिना बकर–बकर किए दादी को उनके क़िले तक छोड़ आओ।....''

पर जैसे ही यह आदेश देवेश की दिशा से तिरछा होता, मैं तुरंत 'नौकरी की परीक्षा की तैयारी' का बहाना लेकर कमरे में दुबक जाता या हवा के रुख़ को भाँपते हुए चुपचाप चांदमारी रोड की ओर खिसक लेता।

अब देवेश की हालत.... जैसे उसका जन्म ही पोस्टल पार्क और ख़ासमहल की गलियों में भटकने के लिए हुआ हो.... ''हम त अभी न जबौउ.... हमरा बोरिंग रोड जाए के हैऽ!....''

वह प्रतिरोध करता भी तो मानो किसी प्रेमचंदीय नायक की तरह, जिसे विद्रोह का अधिकार तो मिला हो, पर छुट्टी की अर्ज़ी पहले ही अस्वीकृत हो चुकी हो।

मां की दोहरी भृकुटि एक 'शॉर्ट–रेंज मिसाइल' वाक्य–बाण तुरंत उड़ाती– ''ऊँऊँह.... ई सब बड़ा बेकहल हो गलई हऽ। केतना देर लगतउ रे बउआ, छोड़े में....?''

बस, देवेश वहीं ढह जाता।

उसे पता था, यह वाक्य किसी भी जवान की अर्ज़ी को कोर्ट–मार्शल तक ले जाने में सक्षम है। यह संयुक्त पारिवारिक सेना का रेड अलर्ट हुआ करता था, जिसका सीधा अर्थ होता, ''तुरंत,

अभी, और मुस्कराते हुए, बिना सवाल–जवाब किए, दादी उर्फ़ बबन चच्चा की माँ को उनके क़िले में स्थापित कर आओ।''

और फिर वही दृश्य..... देवेश चप्पल घसीटता, कंधे पर अदृश्य भार लिए, दादी की डगमगाती चाल से ताल मिलाता हुआ, ख़ासमहल की ओर एक तयशुदा पराजय की मुद्रा में निकल पड़ता। घर में सब शांत हो जाता, जैसे कोई बलिदान संपन्न हो चुका हो।

यह यात्रा कोई सामान्य 'ट्रिप' नहीं होती थी। बबन चच्चा की माँ साथ हों, तो यात्रा एक 'चलित संगोष्ठी' में बदल जाती थी। सड़क की हर दुकान, हर मोहल्ला और हर कुत्ता उन्हें कुछ न कुछ याद दिला देता– ''ई जे पिपर पेड़ हउ न, एकरे नीचे 'खोखवा' के बियाह में हम टेंट बिछवले रहीं.... आ ओकर बियाह में 'अरुणमा' बड़ी मेहनत कलकई.....''

हुं...! बेचारा देवेश, बस सिर हिलाता जाता.... ''हाँ दादी, हाँ दादी....'' करते हुए बिना यह जाने हुए कि 'बब्बन', 'अरुण' और 'खोखा' उनके तीन सपुत्र हैं।

ख़ासमहल पहुँचते ही दादी अनमने स्वर में पूछतीं, ''चाय पीऽबे की जाके पीबे?'' और देवेश फिर चुपचाप दरवाज़े की ओर देखता मानो जेल से रिहाई का रास्ता निहार रहा हो।

और मैं....? मैं तो चांदमारी रोड से लौटकर शाम को मां के सामने चाय का कप रखता, और पूछता, ''दादी गेलथुन?''

मां मुस्कराकर कहतीं, ''हां.... बेचारा देवेश छोड़ अलइ।''

और मैं भीतर ही भीतर सोचता, ''संसार में दो ही प्रकार के प्राणी होते हैं– एक, जो ख़ासमहल से बच निकलते हैं.... और दूसरे. ... देवेश जैसे....।''

❖❖❖

स्टेशन पर नियुक्त एक पारिवारिक अनुबंध

हँसिए ज़रूर, क्योंकि यह हँसी उसी अनुभव की है जो हमें हर छुट्टी में कुछ नया सिखा जाती थी। हमारी दुनिया बड़ी सरल थी.... घर, गली और स्टेशन। तीनों के बीच रिश्तों की रेल रोज़ चलती थी, और हम थे रेल के 'अनाधिकृत, पर समर्पित कर्मचारी', उस ज़माने के 'छैल कमांडो'....!

घर यदि वटवृक्ष रहा, तो हम उसकी जड़ों में पानी देते, छाँव के सपनों के साथ। धूप चाहे जितनी हो, हमारे भीतर ठंडक बनी रहती थी कि कोई अपना आने वाला है।

हम वही लोग थे जिनके सप्ताहांत किसी सिनेमा–हॉल से नहीं, रेलवे स्टेशन से शुरू होते थे। कभी कोई कथित चाचा आ रहे हैं तो कभी फूफा, तो कभी कोई मामा जा रहे हैं। हम टिकट एजेंट

भी थे, गाइड भी, और कभी–कभी तो 'स्वागत् समिति के अध्यक्ष' भी..... ।

हमारे घर की स्थिति ऐसी थी कि स्टेशन तक की दूरी बस इतनी–सी लगती थी, जैसे प्लेटफ़ॉर्म सं. 1 से प्लेटफ़ॉर्म सं. 2 पर अवस्थित शौचालय की दूरी।

हर वह व्यक्ति, जिसे पटना में रहने की जगह नहीं मिलती, हमारे दिल में घर बना लेता था। रिश्ते, रहने की जगह के साथ–साथ बड़े आत्मीय भी हो जाया करते थे, बशर्ते कि उनका कोई दूसरा ठिकाना न बन जाए। हम ही उनका दिल और पता दोनों बने रहते थे..... पर ठिकाना मिलते ही भावनाएँ रजिस्ट्रार के दफ़्तर की तरह– 'स्थानांतरित' हो जाती थीं।

गली से स्टेशन तक की यात्रा मात्र भौगोलिक नहीं थी, वह एक सुगंधयुक्त परीक्षा थी। जहाँ नथुनों में सड़ी हुई लौकी और मछली बसती थी, वहीं जूतों में चिपकी सब्ज़ियों के गाद क़ी स्मृतियाँ भी थीं।

रेलवे की पटरियाँ पार करना ज़ोखिम भरा अभ्यास था; पर उस दिन हमने यार्ड में घात लगाए लुटेरों को धत्ता बताते हुए, मात्र पोखराज–जड़ी सोने की अंगूठी और छोटी बहन साधना को शादी में दी जाने वाली घड़ी, 35/– रुपये और चाकू की नोक से फटे ब्लेज़र की क़ीमत पर ही लोहे की अलमारी को पार्सल करने का दायित्व भी निभा लिया.... और इन ज़ोखिमों के बीच रात्रि 11 बजे खुलने वाली गंगा–दामोदर एक्सप्रेस तक सुरक्षित पहुँच भी गया.... क्योंकि भावनात्मक अभ्यास था, मन में मिठास थी, और बिछोह की बेचैनी भी, जो हमें प्लेटफ़ॉर्म तक खींच ही लायी थी।

हम खड़े रहते थे प्लेटफ़ॉर्म पर नहीं, एक अंतहीन अपेक्षा की चौखट पर, जहाँ हमें स्वागत् की मुस्कान और विरक्ति की थकान एक साथ निभानी होती थी। दोनों पारिवारिक परंपरा के हिस्सा थे।

हमारे चेहरे पर शिकन नहीं आती थी, क्योंकि हम जानते थे, हर रिश्ता चाय पीकर मुस्कुरा उठता है और शिकन देखकर घबरा उठता है।

ट्रेन आए या न आए, हम वहाँ होते ''ऑन ड्यूटी विद लव''। रिज़र्वेशन का फ़ॉर्म भरना महज़ एक प्रक्रिया नहीं थी, वह हमारे जीवन का पाठ था– ''....जो रिज़र्वेशन का फ़ॉर्म भरना नहीं जानता, वह पढ़ेगा क्या....?''

हमें सिखाया गया, ''सहनशीलता, तत्परता और स्नेह– तीनों की ज़रूरत प्लेटफ़ॉर्म पर भी होती है....'', क्योंकि वह स्टेशन सिर्फ़ रेलवे का नहीं था, हमारी भावनात्मक परिपक्वता का प्लेटफ़ॉर्म था... जहाँ सीखा, कैसे किसी को छोड़ते हुए भी स्नेह से भरे रहना है, और कैसे थकते हुए भी स्वागत् के लिए मुस्कुराना है।....

परीक्षा का परिणाम चाहे जैसा हो, जो छात्र टिकट कटवा लाते, असल हीरो तो वही माने जाते। क्लर्क की डाँट, धक्का–मुक्की सब इसीलिए स्वीकार्य थे, क्योंकि वह टिकट किसी प्रिय के आगमन की सूचना के साथ–साथ, प्रस्थान की तिथि की जानकारी भी दे जाता था.....।

जो मामा, मौसी, फूफा, बहन सिर्फ नाम के लगते थे, वे सब हमारे लिए जीवन के कुछ पन्ने छोड़ जाते थे। प्रश्न कभी यह नहीं था कि हम सेवा में क्यों रहे; प्रश्न तो यह था कि हमें यह सुखद अवसर मिला कि हम संबंधों के इस रेलमार्ग के 'लाइनमैन ऑफ़ लव' बन सके।....

आज भी जब कोई ट्रेन सीटी देती है, मन मुस्कुरा उठता है कि शायद कोई और मेहमान आने वाला है.... कोई मामाजी, कोई चाचाजी, फूफाजी, सदनजी या कोई नंदनजी.... या कोई और.... माँ और छोटी माँ के हाथों की रोटियों का गुणगान करने, या लैम्ब्रेटा

में भराए गए तेल का सदुपयोग कर अनुग्रहित करने या बाल्यकाल की थकान को फिर से मिटाने।

यह कोई कथा नहीं, हमारे जीवन की ट्रेनिंग डायरी है.... संस्कारित सेवा का मौन महाभियोग है। बोलता कुछ नहीं, पर बहुत कुछ कह जाता है.... ''सेवा में सदैव तत्पर''.....

❖❖❖

साहित्य के भीतर की दुनिया

तुक के बगैर तुक्का

कविता का वो संक्रमण–काल था, जब कवि लोग यह तय नहीं कर पा रहे थे कि कविता लिखें या पहेली बुझाएँ।

तुकबंदी से मोहभंग हुआ, तो उन्होंने ऐलान किया– ''अब हम बिना तुक की कविता लिखेंगे, ताकि पाठक तुक्के से ही अर्थ खोजे और कवि की विद्वत्ता पर झुके।''

हम छोटे थे तब समझदारी इतनी ही थी कि ''गाड़ी का धुआँ, दादी का दूब, और बर्तन की खनखनाहट" भी कविता बन सकती है। बड़े लोग 'धर्मयुग' और 'हिंदुस्तान' जैसी पत्रिकाएँ पलटते, और हम केवल उनके चेहरे पलटते देखते।

वे बड़े ही गंभीर स्वर में कहते, ''वाह! कितनी आधुनिक कविता है। ज़रा ध्यान से पढ़ो.... ''खिड़की खुली, पर पर्दा हिला नहीं.... आदमी गया, पर छाया ठहरी रही।''

हम सोचते, ''इसमें नया क्या है? पर्दा टाँगे हैं, हवा न हो तो हिलेगा कैसे.... और आदमी गया तो छाया कहाँ रुकेगी....? ये तो बत्ती बुझाना भूल गए होंगे!'' पर उस काल में जो समझ न आए, वही 'आधुनिक' कहलाता था।

पत्रिकाओं में कविताएँ छपतीं तो घर में चाय और बहस–सम्मेलन होता। कोई कहता, ''भाई, कविता दिमाग़ के ऊपर से निकल गई.....'' तो दूसरा समझाता– ''निकलना ही चाहिए, यही तो आधुनिकता है। जो समझ में आ जाए वो कविता थोड़े ही है! समझ में आ गई तो अख़बार की ख़बर लगती।''

अब ज़माना बदल गया है। 'हाइकु' और 'लघुकथा' का दौर है। 'हाइकु' में तीन पंक्तियों में ऐसा चमत्कार करना पड़ता है कि पाठक तीन दिन तक माथा दबाकर घूमे :

उदाहरण– ''नलका टपकता,
रातभर सोचा मैंने
पानी सोता है।''

आप समझ गए तो 'ओशो' बन जाइए, न समझे तो 'वाह, कितना गूढ़!' कह दीजिए; क्योंकि कवि का श्राप है, ''जो न समझे वही सच्चा रसिक है।''

लघुकथा का तो और भी मज़ा है। पहले पूरी कहानी में हीरो जन्म लेता था, लड़खड़ाता था, प्रेम करता था, अंत में मर जाता था या ब्याह कर लेता था। अब लघुकथा में एक ही लाइन में सब सिमट जाता है :

''बेटा बड़ा हुआ। माँ बूढ़ी। बेटा बड़ा होकर माँ को बूढ़ा कहकर छोड़ गया।''

वह इसे पढ़कर आँसू भी बहाए और फेसबुक पर लिखे– ''वाह! मास्टरपीस, सोसाइटी को जगाने वाला, और साथ–साथ समाज–सुधार की मशाल भी थाम ले.....।

हम सोचते हैं, ''अच्छा है, जब धीरे–धीरे मॉर्डर्न कविता समझ में आने लगी है तो थोड़े समय के बाद हाइकु और लघुकथा भी समझ में आ जाएँगी.... और अगर न समझें तो भी कोई बात नहीं। समझने के लिए नहीं, उलझने के लिए ही तो लिखी जाती हैं।''

संक्रमण–काल कभी ख़त्म नहीं होता, बस उसका नाम बदलता रहता है। कल को शायद 'एक शब्द की कविता' फ़ैशन में आएगी। कविता होगी– ''आह....''

और आलोचक कहेंगे, ''वाह! कितना पीड़ा.... दर्शक प्रतिमान! दर्द की पूरी बायोपिक समा गई।''

उसके अगले दौर में शायद कवि सिर्फ़ चुप बैठा रहेगा। कविता होगी– ''.................''

और आलोचक कहेंगे, ''कितनी गहन मौन–कविता है! हर शब्द अपने अभाव में उपस्थित है!''....

❖❖❖

लोकार्पण का लोभ

जिस दिन मोहल्ले के कोने पर नई किराना दुकान खुलती है, उस दिन ग्राहक ऐसे उमड़ते हैं जैसे उद्घाटन नहीं, मुफ़्त राशन का महाकुंभ हो। पर वहाँ एक मौन समझौता होता है..... माला पहनाओ, फोटो खिंचवाओ, और बदले में कम–से–कम एक साबुन या बिस्कुट तो ख़रीदो। इसे कहते हैं औपचारिकता की अर्थव्यवस्था।.....

लेकिन जब कोई लेखक अपनी किताब का लोकार्पण करता है, तब अर्थशास्त्र, समाजशास्त्र और नैतिकता– तीनों एक साथ बीमार पड़ जाते हैं। लेखक का अपराध यही है कि उसने किताब लिख दी.... और उससे भी बड़ा अपराध..... उसे छपवा दिया।

लोकार्पण का कार्ड जैसे ही व्हाट्सएप पर आता है, पाठक नहीं, उपभोक्ता सक्रिय हो जाते हैं।

पहला प्रश्न होता है, ''किताब फ़्री मिलेगी न....?''

यह प्रश्न उतनी मासूमियत से पूछा जाता है, जितनी मासूमियत से फ़र्ज़ी साधु कहता है, ''दान से ही तो मोक्ष मिलता है, वत्स।''

लोकार्पण स्थल पर तीन प्रकार के आगंतुक पाए जाते हैं–

(क) सांस्कृतिक लाभार्थी, जो किताब को साहित्यिक अधिकार मानते हैं। वे कहते हैं, ''हम आए हैं, यही बहुत है। लेखक का सम्मान तो हमारा आना ही है।''

इनके अनुसार लेखक का कर्तव्य है– मंच सजाए, चाय पिलाए, मिठाई खिलाए, और जाते–जाते किताब थमा दे, मानो लेखक नहीं, शादी में लड़की का बाप हो।

(ख) फोटो–वीर.... इन्हें किताब से कोई ख़ास लेना–देना नहीं। इन्हें तो बस मंच पर लेखक के साथ फोटो चाहिए। किताब मिल गई तो ठीक, नहीं तो भी चलेगा.... बस कैप्शन होना चाहिए– ''आज साहित्यिक आयोजन में....''

इनके द्वारा घर जाकर वही किताब अलमारी में ऐसे रख दी जाती है जैसे संविधान, जिसे छूना देशद्रोह हो।

(ग) गणितज्ञ मित्र– ये कहते हैं, ''अरे यार, हम दस लोग आए हैं, दस किताब तो बनती है....'' मानो लेखक ने किताब नहीं, पनीर की सब्ज़ी बनाई हो।

लेखक मंच पर मुस्कुराता है, पर भीतर से हिसाब लगाता है..... छपाई का ख़र्च, हॉल का किराया, माला, बैनर, जलपान, और ऊपर से फ़्री किताब की माँग।

लेखक समझ जाता है कि दुकान खोलना जोख़िम है, पर किताब का लोकार्पण आत्महत्या। दुकानदार उद्घाटन पर छूट देता है, लेखक उद्घाटन पर ख़ुद छूट जाता है।

कार्यक्रम के अंत में कोई सज्जन पास आकर कहते हैं, ''बहुत अच्छा लिखा है, दिल से।''

लेखक मन ही मन ख़ुश होता है। फिर वही सज्जन धीमे से जोड़ते हैं– ''एक किताब दे दीजिए न, बच्चे के लिए।''

यहीं लेखक को पहली बार महसूस होता है कि उसका भविष्य, उस अजनबी के बच्चे के हाथ में है।

दुकान में सामान बिकता है, किताब के लोकार्पण में लेखक बिकता है। दुकान के लोकार्पण पर ग्राहक ख़रीदता है, किताब के लोकार्पण पर आगंतुक माँगता है।

और सबसे मज़ेदार बात.....

अगर लेखक किताब बेचने की बात करे, तो कहा जाता है कि ''आप तो बहुत कमर्शियल हो गए हैं....'' जैसे लेखक को हवा, पानी और रचनात्मक ऊर्जा से ही जीवित रहना चाहिए।

लेखक से उम्मीद होती है कि वह लिखे भी, छपवाए भी, खिलाए भी, और अंत में कहे, ''अरे नहीं–नहीं, किताब के पैसे किस बात के!''.... किताब तो ज्ञान नहीं, लोकार्पण पर मिलने वाली फ़्री की वस्तु है।

और लेखक....?

वह बस इतना चाहता है कि कभी कोई आगंतुक दुकान की तरह केवल यह कह दे, ''किताब दीजिए, मैं ख़रीदूँगा.....'' पर वस्तुतः वह कभी अपेक्षा नहीं करता कि कोई किताब ख़रीदेगा भी।

और अभी तक ऐसी कोई दुर्घटना किसी लोकार्पण में दर्ज़ भी नहीं हुई है। लेकिन लेखक भीतर, बहुत भीतर, यह जानता है कि इन्हीं पन्नों में उसने सब कुछ रखा है– रातों की नींद, वर्षों की चुप्पी, और जीवन भर की असमाप्त उम्मीद।

और फिर भी, हर लोकार्पण के बाद वह अगली किताब लिखने बैठ जाता है। इसलिए नहीं कि कोई उसकी पुस्तक ख़रीदे

या उसे फिर लोकार्पण चाहिए, बल्कि इसलिए कि कहीं, किसी अनजान दिन, कोई अपरिचित हाथ, किसी दुकान की तरह नहीं, किसी ज़रूरत की तरह किताब उठाए और कहे, ''इसे पढ़ना है।''

यही लेखक का असली लोभ है। लोकार्पण नहीं, पढ़े जाने की एक शांत, अदृश्य आशा।

❖❖❖

सुनने का उत्सव

मैं साहित्य को बहुत गंभीरता से नहीं लेता। शायद इसलिए कि साहित्य भी मुझे अभी लेखक मानने के मूड में नहीं है।

मैं नया हूँ...... इतना नया कि कभी–कभी कविता लिख बैठता हूँ, कभी व्यंग्य.... और एक दिन तो भूलवश एक लंबी रचना भी लिख डाली, जिसे बड़े लोगों ने 'प्रबंध काव्य' कह दिया। मैंने भी चुपचाप सिर हिला दिया, क्योंकि नए लेखक के पास असहमति का कोई विकल्प नहीं होता।

एक दिन मैं दिल्ली के एक साहित्यिक आयोजन में पहुँच गया। दिल्ली, जहाँ साहित्य केवल राजधानी में नहीं रहता, कई बार सत्ता की तरह व्यवहार करने लगता है। यहाँ कविता केवल रचना नहीं रहती, पहचान बन जाती है। कविताएँ कम दिखाई देती हैं, कवि अधिक। और किताबें इतनी छपती हैं कि पढ़ने वाला पाठक संरक्षित प्रजाति में शामिल हो जाता है।

मंच इतना विशाल था कि कविता को ढूँढ़ने के लिए दूरबीन की ज़रूरत थी। रोशनी इतनी तेज़ कि कवि चमक रहे थे और श्रोता वही पुराने, जिन्हें हर मंच पहले से ही जानता है।

मुझे जल्दी ही समझ आ गया, यह श्रोताओं का नहीं, प्रस्तुतकर्ताओं का उत्सव है। यहाँ सब सुनाने आए हैं, सुनने कोई नहीं। हर निगाह मंच की ओर नहीं, अपनी बारी की ओर टिकी हुई थी।

कवि आते, माइक ठीक करते और कहते– ''कविता से पहले दो शब्द....''

वे 'दो शब्द' धीरे–धीरे इतने गंभीर, इतने आत्मकथात्मक और इतने शाश्वत होते चले जाते कि कविता बेचारी धैर्य से पंक्ति में खड़ी अपनी बारी का इंतज़ार करती रहती।

कवि–संघर्ष सुनाए जाते.... सम्मानों की सूची पढ़ी जाती.... पुरस्कारों का संक्षिप्त इतिहास भी दर्ज़ हो जाता.... और, फिर अंत में कविता आती, थोड़ी हड़बड़ाई हुई, थोड़ी थकी हुई, मानो उसे जल्दी–जल्दी कहा जा रहा हो..... ''अब बोलो, समय समाप्त हो रहा है।''

तालियाँ बजतीं हैं। मैं समझ नहीं पाता, वे कविता के लिए थीं या कवि की पहचान के लिए।

आसपास देखा। कुछ लोग सचमुच सुन रहे थे। बाक़ी लोग अगली कुर्सी पर बैठकर अपनी ही रचना की मानसिक रिहर्सल कर रहे थे। तब मुझे समझ आया, यहाँ कविता सुनना ज़रूरी नहीं, सुनाया जाना ज़रूरी है। मंच पर कविता कई बार संवेदना नहीं रहती, एक अनुष्ठान बन जाती है।

कुछ समय बाद मेरी भी एक किताब छप गई– साधारण–सी। मैंने सोचा, अब शायद इसे पढ़ा जाएगा।

दोस्तों ने किताब हाथ में ली, कवर देखा, मुझे देखा और मुस्कराकर पूछा– "अच्छा, अगली किताब कब आ रही है?"

एक समीक्षक ने भी किताब उठाई। दो पन्ने पलटे, मुस्कुराए और बोले– "सुंदर! अच्छा प्रयास है।"

कुछ दिनों बाद उनकी समीक्षा छपी। भाषा इतनी अलंकृत थी कि मेरी साधारण किताब उसमें अचानक बहुत महान् दिखाई देने लगी। तब मुझे समझ में आया, जैसे मंच पर हर कोई अपनी कविता सुनाना चाहता है, वैसे ही साहित्य की दुनिया में हर कोई अपनी किताब लिखना चाहता है। दूसरे की किताब पढ़ना एक अतिरिक्त श्रम है, जिसके लिए समय भी चाहिए और ईमानदारी भी। धीरे–धीरे मैंने यह भी सीख लिया कि साहित्य में सुनां जाना आसान है, पढ़ा जाना कठिन.....और याद रखा जाना लगभग असंभव।

अब जब मैं किसी साहित्यिक आयोजन में जाता हूँ, तो कविता से पहले बोले जाने वाले 'दो शब्दों' को सबसे ध्यान से सुनता हूँ; क्योंकि कई बार वही पूरी रचना होते हैं, कविता तो केवल औपचारिकता रह जाती है।

और जब कोई सचमुच मेरी किताब पढ़ लेता है, तो मैं उत्साहित नहीं होता, बस चुप हो जाता हूँ; क्योंकि इस शोरगुल भरी दुनिया में यदि कोई ठहरकर पढ़ ले, तो वही सबसे गहरी प्रशंसा होती है।

मैं अभी भी सीख रहा हूँ।....

और अब मैंने मान लिया है कि सीखते हुए लिखा गया साहित्य सबसे हल्का और सबसे सहज होता है.... शायद इसलिए सबसे कम पढ़ा भी जाता है।

❖❖❖

हिंदी दिवस : रिटायरमेंट के बाद पत्ते हरे हुए

मैं बैंक में था।

पूरी सेवा में, हिंदी के साथ। मेरी नियुक्ति किसी भाषा–कोटे से नहीं हुई थी, पर मेरी हिंदी ऐसी थी कि अंग्रेज़ी भी सामने आकर थोड़ी औपचारिक हो जाती थी। फिर भी बैंक ने मुझे स्वीकार किया, शायद इसलिए कि मैं काम समय पर करता था और असहमति मन ही मन शुद्ध हिंदी में दर्ज़ कर लेता था।

शुरुआती दिनों में मैंने निश्चय किया कि बैंक में संवाद 'हिंग्लिश' में नहीं, सम्मानजनक हिंदी में करूँगा।

पहले ही सप्ताह काउंटर पर कहा– ''इस खाते का विवरण दीजिए।''

सामने बैठे कर्मचारी ने मुझे ऐसे देखा, जैसे मैंने पासबुक नहीं, उसकी अंग्रेज़ी की डिग्री माँग ली हो।

वह झिझकते हुए बोला– ''सर.... स्टेटमेंट....?''

तभी समझ में आया, यहाँ हिंदी अनुवाद नहीं, एक तरह की प्रशासनिक दुर्घटना मानी जाती है।

बैठकों में महाप्रबंधक धाराप्रवाह अंग्रेज़ी बोलते। कभी कोई हिंदी शब्द ग़लती से निकल आता, तो पूरा वाक्य ऐसे डगमगा जाता, जैसे कंप्यूटर में अचानक देवनागरी का फ़ॉन्ट खुल गया हो और IT विभाग को बुलाना पड़े।

हिंदी पखवाड़ा आते ही बैंक का राष्ट्रप्रेम जाग उठता। दीवारों पर बैनर लगते, ''हिंदी हमारी पहचान है''.... और नीचे छोटे अक्षरों में देशभक्ति का असली अर्थ लिखा होता.... (English version mandatory)

मुझसे कहा जाता, ''आप हिंदी में कुछ बोलिए।'' मैं मन लगाकर बोलता। ख़राब वक्ता था, पर तालियाँ ख़ूब बजतीं.... शायद इसलिए कि हिंदी दिवस के दिन तालियाँ आरक्षित होती हैं।

भाषण के बाद वही अधिकारी कंधे पर हाथ रखकर कहते, ''बहुत अच्छा था.... पर असली काम तो अंग्रेज़ी में ही चलता है न?'' उस दिन समझ में आया कि हिंदी बैंक की भाषा नहीं, सालाना सजावटी सामग्री है, जिसे उपयोग के बाद फ़ोल्ड कर स्टोररूम में रख दिया जाता है।

ग्राहकों के साथ मेरी हिंदी हमेशा जीवित रहती। बुजुर्ग ग्राहक अपने दुःख हिंदी में रखते, मैं समाधान भी हिंदी में देता। लेकिन जैसे ही फ़ाइलें ऊपर के स्तर पर जातीं, हिंदी वहीं छूट जाती, मानो उसे सीढ़ियाँ चढ़ने की अनुमति न हो।

फिर रिटायरमेंट आया। शॉल मिली, जो ठंड से नहीं, यादों से बचाने के लिए होती है।

घड़ी मिली, जो समय नहीं, बचा हुआ समय गिनने के लिए होती है।

और एक लंबा अंग्रेज़ी भाषण, जिसमें मेरे काम से ज़्यादा मेरी सहनशीलता की तारीफ़ थी, मानो मैंने बैंक नहीं, भाषा–संघर्ष की तपस्या की हो।

मैं धन्यवाद हिंदी में देना चाहता था, पर माहौल इतना सभ्य था कि हिंदी ने ख़ुद ही कहा, "रहने दो, आज तुम्हारा दिन है....मुझे वहाँ मत घसीटो।"

घर लौटते समय एक अजीब–सा भाव था.... मैं बैंक से रिटायर नहीं हुआ, रिटायर तो अंग्रेज़ी हुई।

रिटायरमेंट के बाद जीवन की गति अचानक धीमी हो गई। सुबह नींद अब अलार्म से नहीं, अख़बार की ख़ामोशी से खुलती थी। इसी ख़ामोशी में कुछ हिंदी–रसिक मित्र मिले। कोई कवि था, जो कविता से ज़्यादा ज़िंदगी पढ़ चुका था। कोई कथाकार, जो लिखता कम, जीता ज़्यादा था। उनकी संगत में मैं बिना किसी नियुक्ति–पत्र के साहित्यकार हो गया।

अब न पद का भय था, न मंच की मजबूरी। हम चाय पर शब्द उछालते, यादों पर हँसते, और कभी–कभी अचानक चुप हो जाते, क्योंकि अब चुप्पी भी हिंदी में होती थी।

आज पीछे मुड़कर देखता हूँ तो लगता है बैंक ने मुझे अनुशासन दिया, और हिंदी ने मुझे 'मैं' होने की छूट।

अब मैं हिंदी में लिखता हूँ.... न किसी प्रमाणपत्र के लिए, न किसी निर्णायक–मंडल की कृपा के लिए.... और कभी–कभी शाम के सन्नाटे में मेरी हिंदी मुस्कराकर पूछती है, "अब तो डर नहीं लगता?"

मैं हँसकर कहता हूँ, "अब किससे डरूँ? अब तो मैं रिटायर हूँ और तुम प्रमोटेड।"

अब तो बस लिखते रहने का मन करता है.....।

❖❖❖

कविता : एक बेरोज़गार कला

मुझे याद है, एक समय था जब कविता को साधना कहा जाता था। वह किसी मंच की मोहताज नहीं थी। वह भीतर उतरती थी, चुपचाप, जैसे साँस; दिखने के लिए नहीं, बस ज़िंदा रहने के लिए।

तब कविता रस की पुत्री थी। श्रृंगार उसकी माँ, करुण उसका मौन और वीर उसका मेरुदंड। कविता कम बोली जाती थी, ज़्यादा जी जाती थी।

फिर समय बदला.... या शायद हम बदले। मैंने देखा कि कविता धीरे–धीरे मंच के ताल पर नाचने लगी। जो कविता ठहरकर सुनने की माँग करती थी, वह अब हँसी के बीच जगह खोजने लगी। ठहाकों से उसका पेट भरने लगा, पर आत्मा सूखने लगी..... हास्य लोकप्रिय हुआ, करुण बोझिल।....

करुण से कहा गया, ''तुम बहुत रोती हो, माहौल ख़राब करती हो।''

वीर से समझौता कराया गया, ''यह युद्ध का काल नहीं है। अब युद्ध तलवार से नहीं, टीआरपी से लड़े जाते हैं।''

और रौद्र को औपचारिक सूचना भेज दी गई कि उसका काम अब न्यूज़ स्टूडियो में हो रहा है।

कविता की नई परिभाषा बड़ी सहज थी। जो बात गद्य में कहने में झिझक हो, उसे पाँच पंक्तियों में तोड़ दो और कविता कह

दो.... न छन्द की ज़रूरत रही, न लय की, न भाषा से प्रेम की.... बस 'अनुभव' चाहिए.... अपना हो तो अच्छा, उधार का हो तो और भी बेहतर।

धीरे–धीरे कवि भी बदल गया। वह कवि नहीं रहा, प्रतिक्रियाकार हो गया.... दुख मिला.....कविता; नौकरी नहीं मिली.... कविता; नौकरी मिल गई..... और ज़्यादा कविता....प्रेम हुआ....पोस्ट; प्रेम टूटा.... संग्रह..... मंचों पर कविता नहीं बिकती थी, तालियाँ बिकती थीं। जो चुटकुला सबसे पुराना होता, वही सबसे नई कविता कहलाती। श्रोता हँसते थे, कविता रोती थी, पर माइक अक्सर बंद ही रहता था।

पत्रिकाओं में एक नया रस उभरा– 'अद्भुत'....। वहाँ दुख इतने सलीके से सजाए जाते कि करुण नहीं, डिज़ाइनर अवसाद लगता। ऐसी कविताएँ पढ़कर आँख नहीं भरती थी, बस बायोडाटा भरता था। छन्द अपराध हो गया, लय संदेहास्पद गतिविधि। जो कविता गाई जा सके, वह 'गवैया' कहलाने लगी; और जो पढ़ी न जा सके, वही समकालीन घोषित हुई।

मैंने पढ़ा था, कभी कविता राजाओं को झकझोरती थी; आज वह प्रायोजित मुस्कान बन चुकी है। वह भीख नहीं माँगती, वह साधक खोजती है। ऐसे साधक, जो शब्द से पहले संवेदना सीखें और तालियों से पहले मौन। पर शहर में साधक कम हैं, कवि ज़्यादा. ... दस कवियों पर एक पाठक है, वह भी मोबाइल में व्यस्त। फिर भी, इतने वर्षों के देखने, सुनने और झेलने के बाद भी मैं यह नहीं कह सकता कि कविता मर गई है।

नहीं, वह मरी नहीं है। बस, उसे मंच से उतारकर मनुष्य के भीतर वापस लाना अभी बाकी है।

❖❖❖

प्रकाशन की कतार में खड़ा शब्द

लेखक होना कोई पेशा नहीं था..... यह एक अवस्था थी, जैसे बुख़ार, जैसे प्रेम, जैसे देर से आया हुआ आत्मबोध....। उसी अवस्था में मैंने लिखना शुरू किया। वह कोई किताब नहीं थी, वह एक ताप था। शब्द जलते थे, रातें पिघलती थीं, और मन यह विश्वास किए चलता था कि इस आग से कभी न कभी उजास निकलेगा।

मुझे भरोसा था, यदि शब्द सच्चे हैं, तो वे काग़ज़ पर उतरकर किसी न किसी मन को छू लेंगे। मैं यह नहीं जानता था कि जिस स्पर्श की ओर मैं बढ़ रहा हूँ, वह संवेदना नहीं, एक प्रक्रिया है, जिसे आज की भाषा में 'प्रकाशन–प्रणाली' कहा जाता है।

एक दिन मैंने अपनी पांडुलिपि नहीं सौंपी, मैंने अपनी प्रतीक्षा सौंप दी.... उसके साथ अपनी नींदें, साँसों की लय, और वह मासूम विश्वास भी कि साहित्य अभी भी साहित्य है। उधर से जो लौटा, वह कोई वाक्य नहीं था, एक शब्द था–'एडवांस'.....।

छोटा–सा शब्द, पर उसमें पूरा तंत्र समाया हुआ था। पहली बातचीत पहले प्रवचन जैसी थी– ''यह रचना दूर तक जाएगी.... आपका लेखन अलग है.... लेखक हमारे लिए महत्त्वपूर्ण हैं....''

मैं पिघल गया, क्योंकि लेखक सम्मान से नहीं, सम्मान के वाक्यों से पिघलता है। जिस दिन वह राशि भेजी गई, उसी दिन मैं

लेखक से प्रतीक्षारत प्राणी बन गया। तभी मेरे जीवन में दो चरित्र आए– एक, जो उसी डाल पर बैठा था, जिसे स्वयं काट रहा था.... और दूसरा, जो हर प्रश्न पर एक नई कहानी सुनाता था.... ''प्रक्रिया में है, थोड़ा समय लगेगा.... अगले चरण में है.... शीघ्र ही.....

समय बिना किसी शोर के बीच से गुज़रता गया। महीने कैलेंडर पर नहीं, मन पर चढ़ते गए.... और एक दिन मैंने सचमुच पूछा, ''अब स्थिति क्या है?'' उत्तर नहीं आया.... प्रतिध्वनि भी नहीं.... सिर्फ़ फोन ने संकेत दिया.... संभावित अवांछित कॉल.... और भीतर एक शांत स्वर बोला– स्वीकार्य सत्य। अब मैं लिख नहीं रहा था, मैं प्रतीक्षा लिख रहा था। मेरे शब्द पन्नों से उतरकर ड्राफ़्ट फ़ोल्डर में रहने लगे थे। मेरी कविता रचना नहीं, एक अनुस्मारक बन गई थी।

कभी–कभी सोचता हूँ, किसी समय कथाएँ कंठस्थ होती थीं, और आज एक लेखक अपनी ही रचना के अस्तित्व का पुष्टि–संदेश चाहता है। धीरे–धीरे समझ में आया कि यह किसी व्यक्ति या संस्था की कथा नहीं है, यह एक व्यवस्था है। आज प्रकाशन संवेदना नहीं, समय–सारिणी है। लेखक रचनाकार नहीं, प्रक्रिया का एक चरण है। और किताब.... एक परिणाम, जो कभी समय पर आ जाता है, कभी नहीं।

मैं यह कथा किसी के विरुद्ध नहीं लिख रहा। यह आरोप नहीं, एक अनुभव है। यदि कभी यह पुस्तक वास्तव में छपे, तो मैं उसे आक्रोश से नहीं देखूँगा। मैं उसे एक सावधान–पाठ की तरह रखूँगा, अपने लिए भी, और उन लेखकों के लिए भी जो अभी इस कतार में नए हैं...... क्योंकि यहाँ प्रकाश बहुत है, पर दिखाई हमेशा नहीं देता। और कथा यहीं समाप्त नहीं होती, क्योंकि लेखक अब भी लिख रहा है– कभी शब्द, कभी प्रतीक्षा....।

❖❖❖

ऑफ़िसीय महाभारत

हवन कुंड में बैठा : बेचारा बैंक प्रबंधक

मैं भी कभी 'प्रबंधक' था....

सुनकर ही झलक जाती है एक अनकही गरिमा। पोस्टिंग भी ऐसी, जिसे देखकर ट्रांसफ़र आदेश देने बाला ख़ुद शर्म से झुक जाए.... प्रधान कार्यालय में, जहाँ कुर्सियाँ कुशन से नहीं, अकड़ से भरी होती थीं। और काम....? वो तो बस शैलेश जी की चाय के प्याले संग गपशप के बीच कब निपटता, हमें भी नहीं पता चलता। कभी–कभी तो फ़ाइलें इतनी विनम्र होतीं कि बिना कहे ही निपट जातीं.... बैंक कम, कोई सुव्यवस्थित ध्यान–केंद्र अधिक लगता था। पर विधि का विधान भी कोई चीज़ होती है।

एक दिन आदेश आया– ''शाखा कार्यालय जाओ!''

शाखा– 'कोइलवर!'.... अब भला यह भी कोई स्थान हुआ... जहाँ बैंकिंग नहीं, बलिदान होता है। जहाँ ग्राहक नहीं होते, चक्रव्यूह होते हैं.... और हम, अभिमन्यु।

सुबह 10 बजे.... दरवाज़ा खुलते ही ऐसा लगता, मानो पूरी जनसंख्या जन–धन योजना की याद में उमड़ आई हो।

कोई चिल्ला रहा, ''पासबुक दो!''.... कोई कह रहा, ''एफ़डी तोड़ो!''

कोई पूछ रहा, ''कब मरेगा बैंक का सिस्टम?''

और एक साहब तो कह बैठे, ''अपना ही पैसा निकलवाने के लिए पहले से कहना होगा क्या.... वो भी केवल पाँच लाख के लिए मैनेजर साहेब, भगवान् के कोप का कारण बनोगे!''

प्रबंधक का मतलब वहाँ होता, हर शिकायत का ठिकाना भी आप और हर समाधान का दरवाज़ा भी आप.... टी.सी.एस से लेकर टी.डी.एस. तक.... हर ज़िम्मेदारी.... ख़ुशी या आह।

ऋण की तो अलग ही माया.... हर दूसरा ग्राहक प्रधानमंत्री योजना का वरदहस्त लेकर आता। बोलता था, ''बस आधार है, मैनेजर साहेब, बाक़ी तो भावना से काम चलाइए!.... जानते हैं, मैनेजर साहेब, ई एम.एल.ए. त आपन समधिए नू बारन।'' और जब हम दस्तावेज़ माँगें तो ऐसे घूरते जैसे हमने राष्ट्रधर्म से गद्दारी की हो।

महीने के अंत में तो हालत यह कि फोन पर गिड़गिड़ाते हुए कहते– ''भाई साहब, देश को बचाइए, एक एफ़डी करवा लीजिए। आपके हज़ार रुपए से ही विकास का सूरज उगेगा!''

कुछ करवा लेते, दया से नहीं, हमारे करुण गायन से अभिभूत होकर।.... पर इन्हीं झंझावातों में एक दिन एक वृद्ध ग्राहक बोले, ''बेटा, तुम हो तो बैंक अब भी अपने जैसा लगता है।'' वो एक वाक्य जैसे तपते माथे पर शीतल चंदन।

तब जाना कि शाखा कार्यालय कोई सज़ा नहीं, वो तो मेरी तपस्या थी। तब भले ही फिर से मुख्यालय की वातानुकूलित दुनिया में लौट आया था, जहाँ प्रतिस्पर्धा अधिक थी और इंसानियत कम। पर जब भी कोई पूछता, ''बैंक में क्या करते हो''.... मैं मुस्कुराकर कहता– ''जी, कुछ नहीं.... बस जनसेवा करता था.... और थोड़ी आत्मा की तपस्या भी।''.....

❖❖❖

नीति बनाम तिथि

जब नियमों की लकीर तिथि से कटे और नीति टिकट से पीछे रह ज़ाए तब इतिहास नहीं, व्यंग्य रचा जाता है.....

बैंकिंग का काम अक्सर नीरस और संख्यात्मक माना जाता है– फ़ाइलें, फ़ॉर्म और फ़िक्स्ड पॉलिसी। मगर उन फ़ॉर्म्स के बीच जब तिथियाँ फिसलती हैं, ट्रेनें छूटती हैं, और नैतिकता किसी रेलवे टीटी से आँख मिलाने में झिझकती है, तब जीवन अपना असली रंग दिखाता है।

यह संस्मरण 1995 की उस रोचक टकराहट का वृत्तांत है, जब 'सरकारी ईमानदारी' और 'रेल टिकट की वैधता' आमने–सामने थे और इसी 'आपदा को अवसर' में बदलकर, एक समर्पित बैंककर्मी की छवि गढ़ने में सफलता मिली थी।

आज, बैंक से रिटायर हुए कई वर्ष बीत चुके हैं, पर एक वाकया अब भी स्मृति में वैसे ही जीवंत है, जैसे चाय की प्याली में बैठा हुआ चम्मच, हर घूँट में टनटनाता है।

बात तब की है, जब मैं प्रोटेस्टेड डिपार्टमेंट में कार्यरत था और 'बैड एंड डाउटफुल' खातों का DICGC क्लेम अभियान चल रहा था। उन दिनों क्लेम मैग्नेटिक टेप पर लॉज होते थे और उसके

लिए बॉम्बे की 'डाटाविजन सिस्टम्स' नामक कंपनी को बैंक ने हायर कर रखा था, जो नाम से तकनीकी थी, व्यवहार से व्यावसायिक।

क्लेम–पेपर (NI-11) लेकर हमें, अर्थात् मुझको और श्री शैलेश जैन को बॉम्बे जाना था। ट्रेन थी पटना–कुर्ला एक्सप्रेस।

टिकट पटना से था, मगर बोर्डिंग आरा से.... यह सब एकदम नियोजित, रणनीतिक और सरकारी ईमानदारी से लबरेज़ योजना का हिस्सा था।

गाड़ी पटना से रात 11 बजे खुलती थी और आरा में 12.05 पर आती थी, यानी आधी रात की सरहद पर हमारी नियति खड़ी थी।

हम आरा स्टेशन पहुँचे। घड़ी पर नजर पड़ी। घड़ी बोली, "12 बजकर 5 मिनट हो चुके हैं"..... पर तारीख़ छह फरवरी!.... हृदय की धड़कन तेज़ हो गई जैसे किसी ने पुरानी प्रेमिका का पत्र देख लिया हो.... "अरे! ये क्या हो गया? मेरी गाड़ी तो एक दिन पहले ही निकल गई...."

यानी टिकट, जो पाँच फरवरी का था, अब रेलवे के हिसाब से 'अतीतजीवी दस्तावेज़' हो चुका था। हम अचानक से 'बिना टिकट यात्रा' के अंतर्गत देशद्रोही और अपराधी घोषित हो चुके थे। अगर आतंकवादी नहीं, तो 'टिकटवादी' तो ज़रूर लग रहे थे!.....

चेहरे का रंग ऐसा उड़ चुका था, जैसे शाखा में कैलकुलेटर के माध्यम से कैशबुक की जगह 'गीता–पाठ' कर लिया हो.... और दिल, वो तो ऐसा धड़क रहा था, जैसे ऑडिटर ने 'अघोषित खाता' पकड़ लिया हो।

अब विकल्प मात्र तीन–

1. टीटी को रिश्वत दें, जो हमारी आचार–संहिता के प्रायोजन से मेल नहीं खाता था।

2. अगली ट्रेन पकड़ें, जो हमें हमारे क्लाइंट और पॉकेट से मेल नहीं खाने देता था।..... या फिर....

3. दिमाग़ का इस्तेमाल करें, जो दुर्भाग्यवश उस समय कुछ ज़्यादा ही सक्रिय था।

हमने तत्क्षण 'डाटाविजन' के मालिक श्री मनोहर शिंदे को कॉल ठोका। पूछा– ''सर, अगर क्लेम–पेपर पार्सल से भेज दें, तो यह लॉज हो जाएगा क्या?''

उधर से एकदम व्यावसायिक तत्परता के साथ उत्तर आया– ''हो जाएगा। डाक से भेज दो, पर टाइम से!''

बस फिर क्या था! हमारी नीति और नियति ने मिलकर डाक विभाग को बैंकिंग का हीरो बना दिया। बिना किसी उच्चाधिकारी को बताए, दूसरे दिन हमने क्लेम–पेपर स्पीड–पोस्ट से पार्सल कर दिया, एकदम राष्ट्रभक्ति के साथ, जैसे लाल बहादुर शास्त्री का पोस्टकार्ड हो।

काम हो जाने के बाद हमने जीएम साहब को फोन लगाया,. आवाज़ में हल्की–सी नैतिक कंपकंपी और भारी–सा आत्म–गौरव की झंकार थी– ''सर, डाटाविजन सिस्टम्स ने कहा है कि पोस्ट से भी काम हो जाएगा। सो, हमने यात्रा बैंक हित में स्थगित कर दी है, ताकि यात्रा–भत्ता आदि के रूप में 40 से 50 हज़ार रु. बचाए जा सकें।'' (यह कहना छुपा लिया गया कि यात्रा तिथि–दोष हित में टल गई थी!)

जीएम साहब इतने प्रसन्न हुए, मानो हमने किसी घोटाले से बैंक को नहीं, बल्कि देश को बचा लिया हो! उन्हें हमारे त्याग और समर्पण में महात्मा गांधी की छवि दिख गई, बस बिना चश्मे के।

परिणामस्वरूप, हमारी पर्सनल फ़ाइल में एक 'प्रशस्तिपत्र' दर्ज हो गया, जो अब भी बैंक की आलमारी में 'नीति बनाम तिथि' की सबसे श्रेष्ठ लड़ाई के प्रमाण–रूप में सुरक्षित है।

कुछ समय बाद जब AC टिकट का रिफ़ंड भी आ गया कोयला घाट से, तो GM साहब हम दोनों की प्रतिनिष्ठा के घोर प्रशंसक हो गए। और मैं.... उस प्रशस्तिपत्र को सोचकर आज भी मुस्कुरा लेता हूँ; क्योंकि कुछ क्लेम, सिर्फ DICGC से नहीं, क़िस्मत, क़लम और 'कंडीशन अप्लाईड' नीतियों से भी मिलते हैं। जहाँ टिकट की तिथि हार गई, वहाँ नीति ने डाकघर की मोहर से जीत लिख दी..... और हम? हम बस ये समझ गए कि सरकारी सेवा में 'ड्यूटी चार्जेबल' नहीं, डायलॉग्स मेमरेबल होते हैं।......

अब जब भी कोई पूछता है, "बॉम्बे गए थे क्या उस बार?" तो मैं मुस्कुरा कर कहता हूँ, "नहीं, मगर डाक ने ज़रूर मेरी नीतियों का डंका बजा दिया था!"

❖❖❖

लंच ब्रेक : एक पौराणिक धोखा

बचपन में सुना था कि लंच ब्रेक वो समय होता है जब इंसान अपने श्रम के बीच थोड़ी राहत पाता है.... दो निवाले, थोड़ा पानी और दो मिनट चैन का। लेकिन बैंकिंग में आने के बाद पता चला कि 'लंच ब्रेक' असल में राम सेतु है, सबने सुना है, किसी ने पूरा नहीं देखा।

मेरी पोस्टिंग जब पहली बार क़स्बाई शाखा में हुई, तो मैंने भी सोचा था कि 1:30 बजे पराठे खाऊँगा और 2:00 बजे फिर से काम पर लौटूँगा; लेकिन ठीक 1:29 पर पहला चमत्कार हुआ कि एक ग्राहक ब्रह्मास्त्र लिए प्रकट हुआ, चेहरा ऐसा जैसे मेरा पराठा उसी ने बनवाया हो।

''साब, बस एक सिग्नेचर चाहिए। फिर आप खाइएगा।''

ये 'बस एक...' बैंकिंग का मंत्र घातक है, जिससे न लंच बचता है, न ब्रेक।.... सिग्नेचर हुआ नहीं कि दूसरा प्रकट, ''सर, ये फ़ॉर्म भर दीजिए, पाँच मिनट का है।''..... फ़ॉर्म पाँच मिनट का था, ग्राहक आधे घंटे का।

तंग आकर एक दिन मैंने ब्रांच के पीछे, स्टोर–रूम के पास छुपकर खाना शुरू किया। प्लेट में पराठा, मन में संकोच। तभी पीछे से एक सज्जन बोले, ''ओहो! मैनेजर जी यहाँ पिकनिक मना रहे हैं?''..... मन किया कह दूँ, हाँ, दलिया में ही अब सपने डुबोकर खा रहा हूँ, लेकिन बोला, ''जी सर, थोड़ा जल्दी भूख लग गई।''

दरअसल, बैंक के ग्राहक उस आत्मा की तरह होते हैं जिसे मोक्ष नहीं मिलता। कभी–कभी शाखा में ऐसे भटकते हैं जैसे कुंभ में खोए हुए हों.... ''कोई है? सब कहाँ चले गए?''

क्लर्क धीरे से कहता है, ''सर, लंच टाइम है।'' तो ग्राहक ऐसे गरज़ते हैं, जैसे हमने उनके बच्चों का टिफ़िन चुरा लिया हो, ''हम लंच नहीं करते, तो आप कैसे कर सकते हैं?''

एक बार मैंने हिम्मत कर के ब्रांच के बाहर बोर्ड लगाया– **Lunch Time:** 1:30 से 2:00.... तुरंत एक विद्वान ग्राहक बोले, ''बोर्ड तो मंदिर के बाहर भी लगा होता है, लेकिन भगवान को पुकारने से कौन रुकता है?''

मैंने हल्की मुस्कान में अपना क्रोध दबाते हुए कहा, ''भगवान दूध–दही से प्रसन्न होते हैं, हमारी तोंद तो **'Pending Approvals'** से ही फूली है!''

अब हालत ये है कि हम खाना ऐसे खाते हैं जैसे ट्रेन में कोई बर्फ़ी थमा दे.... बच गया तो स्वाद, नहीं तो बस टिकट फाड़ दो.... कभी आधा खा लिया, कभी एक कौर में ही सिस्टम डाउन।

शाम को घर लौटता हूँ तो माँ पूछती हैं, ''खा लिया था दोपहर में?''

मैं सिर झुकाकर जवाब देता हूँ, ''हाँ माँ.... (ये अपने आप से) कुछ शिकायतें खाईं, कुछ फ़ॉर्म निगले, और पराठा आधा।''.... और इस तरह लंच ब्रेक मेरी ज़िंदगी से नहीं, बल्कि इतिहास से भी बाहर हो चुका है।

अब यह एक पौराणिक धारणा है जैसे 'सरकारी नौकरी में आराम', जिसे सिर्फ़ वही मानते हैं जिन्होंने कभी बैंक की लाइन में खड़े होकर 'लंच ब्रेक' का टाइम नहीं बिगाड़ा।

❖❖❖

बैग–बवाल और वरीय का बैकअप

फ़ेसबुक पर हर सुबह, चाय से पहले, कोई न कोई याद सरक कर चली आती है। कल लालदेव पाण्डेय जी (बाबा) ने कमाल कर दिया। शाखा 'गंजभरसरा केस' की धूल झाड़ दी और हम भी टाइम मशीन में चढ़ सीधे पहुँच गए उसी तारीख़, उसी दिन, जहाँ हम अन्वेषण टीम के जेम्स बॉण्ड हुआ करते थे।

टीम में रहते हुए समझ आ गया था कि 'अन्वेषण' का मतलब सिर्फ केस की तह तक पहुँचना नहीं, बल्कि हर सुबह ख़ुद को भी तलाशते रहना है, चौकन्ना रहना है।

इसी बीच एक और ज़िम्मेदारी आन पड़ी। मुझे एक हाई–प्रोफ़ाइल मामले में प्रस्तुति अधिकारी बना दिया गया। सामने थे श्री एस. सी. झा, जिनके रौब से पुरानी फ़ाइलें स्वयं खुलने लगतीं; और डिफ़ेन्स में थे श्री आर. एन. त्रिपाठी, जिनकी ग़हरी मुस्कान में बचाव का गुड़ छिपा रहता, जो दलील बनकर ऐसे निकलता कि विपक्ष भी ताली बजा दे।

अब आइए मूल त्रासदी पर...

मैं रोज़ की तरह पटना से आरा का डेली कम्यूटर था। डेली पैसेंजर ट्रेन में सफ़र करना कोई साधारण बात नहीं। यहाँ

आदमी सिर्फ मंज़िल पर नहीं, आत्म–ज्ञान तक पहुँच सकता है, ताश की गड्डियों और चने–मूँगफली दर्शन के सहारे। हम भी 'टायटेनिक यात्री' की तरह ठहाके लगाते, गप लड़ाते, बर्थ की शान बढ़ाते हुए पहुँचे आरा।

मैं था प्रेज़ेंटिंग अफ़सर– मतलब आज का पूरा आयोजन मुझ पर टिका था। दिन विशेष था, 'प्रस्तुति का दिन'। बैग थामा, उतरा, टेम्पो पकड़ा, दौड़ लगाई, जैसे सरकारी रेस का ओलंपिक हो। ऑफ़िस समय से पहले पहुँच गया। सीनियर सर भी ठीक दस बजे आ गए। अब निकला बैग से तैयारी का सामान.... पर... हे राम! ये क्या?!

बैग तो वही था, पर उसमें मेरी आत्मा नहीं थी। कोई और बैग था, मेरे बैग का हमशक्ल, परंतु भावनात्मक रूप से अनजान.... न चाभियाँ, न फ़ाइलें, न ही पेन ड्राइव। प्रिय टिफ़िन भी नहीं था, जिसकी वजह से मैं लंच ब्रेक तक जीवित रहता था। दिल बैठ गया. ....प्रेज़ेंटेशन की जगह प्रायश्चित की तैयारी लग रही थी।

समझ में आ गया कि मैं किसी और का बैग उठाकर ले आया हूँ! शक्ल–सूरत, ब्रांड सब वैसा ही, पर आत्मा किसी और की। स्थिति विकट थी.... सामने समय की तलवार लटक रही थी और मैं शस्त्रहीन योद्धा के माफ़िक मूक था....।

मामला हाई–प्रोफाइल था। आदरणीय सीनियर झा जी सर थे जाँच अधिकारी, जिनकी वाणी में अपनापन था। वे ग़लतियों पर डाँटते नहीं थे, पर जब काम की बात हो, तो हर शंका, हर विलंब उनके आगे तिरोहित हो जाता।

उस क्षण भगवान् ने याद दिलाया, ट्रेन में मेरे साथ सुनील सिन्हा जी भी थे। मैंने उन्हें झटपट फ़ोन लगाया..... ''सुनील जी...! ऊपर की बर्थ पर शायद मेरा बैग छूट गया है, देखिएगा न!....''

थोड़ी देर बाद फ़ोन आया..... ''बैग मिल गया है और हमारी शाखा के मैनेजर साहब, अंजनी कुमार सिन्हा जी ख़ुद उसे मैसेंजर से भिजवा रहे हैं।''

आनंदित हृदय, आश्वस्त आत्मा और सिहरती स्मृतियाँ.... ऐसी थी वह दोपहर। बैग मिला... लंच मिला... और फिर काम भी शुरू हुआ। इस घटना में मज़ा भी था, सीख भी थी और सबसे बड़ी बात, मानवता थी।.....

मेरे दोनों वरिष्ठ अधिकारी, झा सर और त्रिपाठी सर उस दिन मेरी उलझन के साक्षी बने। उन्होंने न तो मुझसे कुछ कहा या पूछा, बल्कि मौन सहानुभूति से मुझे सँभाले रखा।

आज भी जब वो दिन याद आता है, तो आँखों में मुस्कान और दिल में सुनील जी, आज की तिथि में स्व. अंजनी जी तथा दोनों वरीय अधिकारियों के लिए आभार भर आता है।

..... क्योंकि ज़िंदगी में फ़ाइलें खो जाएँ तो मिल सकती हैं, पर इंसानियत अगर खो जाए, तो फिर कोई उसे वापस नहीं ला सकता।

❖❖❖

पोर्च में चांदनी : स्टैंड में तूफ़ान

रोज़ाना की तरह उस दिन भी मैं पटना से आरा की ओर ज्ञान और कर्तव्य की गाड़ी लेकर निकला था। 'दैनिक यात्री' सुनने में मानो कोई सरकारी पदवी हो, पर वास्तव में यह एक ऐसा संघर्षशील जीव होता है जो ट्रेन की सीट और जीवन की लय, दोनों के लिए रोज़ युद्ध करता है।

उस दिन टिकट की मियाद आख़िरी साँसें ले रही थी, और मैं अपनी लोहे की घोड़ी– स्कूटर को टिकट काउंटर के पास, पोर्टिको की छाँव में सुस्ताने छोड़ आया। सोचा, टिकट लेकर सीधा ट्रेन पकड़ लूँ, बाक़ी दुनिया फिर देखी जाएगी।

दिन बीता, आरा का सूरज भी शर्मिंदा होकर डूब गया, और मैं ज्ञान को ऑफ़िस की फ़ाइलों पर उड़ेल कर जब वापस पटना लौटा तो स्टेशन के स्टैंड में अपनी घोड़ी को ढूँढ़ने लगा। लेकिन वहाँ तो वही पुरानी कहानी.... 'वाहन नहीं मिला, अब गाली मिलेगी।'

मैं बड़बड़ाया, गरजाया, और फिर स्टैंड वालों पर टूट पड़ा जैसे कोई क्रोधित कवि काग़ज़ पर टूटता है। क्रोध की कविता बह

रही थी.... आसपास खड़े दैनिक यात्री भाई–बंधु भी मेरे सुर में सुर मिलाने लगे, मानो सामूहिक रुदन–गीत चल रहा हो।

तभी मेरे मित्र और सहयात्री, श्री सुनील झा जी, जिन्हें मैं 'समय का साक्षी' कहता हूँ, बड़े ही सहज भाव से कान में धीरे से बोले– ''भैया, रउआ स्कूटर त टिकट काउंटर के पास लगवले रहनी ह न?"

वक़्त ठहर गया। मेरी स्मृति पर जैसे किसी ने हथौड़ा मार दिया..... ''अरे बाप रे, ग़लती हो गई!'' मैंने मन ही मन कहा.... ''स्कूटर तो मैंने ख़ुद पोर्टिको में तैनात किया था, बिना याद्दाश्त की सुरक्षा के!''

मैं एकदम संकोच से भर गया। अब वहाँ खड़ा रहना, मतलब अपनी ही अदालत में अपना ही मजाक बनवाना। मैं चुपचाप पीछे मुड़ा, गालियों की गठरी चुपके से समेटी, और बगल से पोर्टिको की ओर ऐसे निकला जैसे कोई चोर कविता की पुस्तक लौटाने जा रहा हो।

स्टेशन के पोर्टिको में, रात के सन्नाटे में, मेरा स्कूटर बिल्कुल वैसा ही खड़ा था– मासूम, मौन और चाँदनी में नहाया हुआ.... मानो मुझसे कह रहा हो, ''मैं तो यहीं था, मालिक! तुम ही अपने आप से गुम हो गए थे।''

❖❖❖

कुल्हड़िया का कुल्हड़

31 दिसंबर, 1987 की कड़कड़ाती सर्द रात थी। बैंक क्लोजिंग की थकान के बाद मैं नया साल मनाने अपने घर, पटना लौट रहा था। मेरी पोस्टिंग तब विक्रमगंज की एक शाखा, धनगाई में थी। आरा तक पहुँचते–पहुँचते रात के क़रीब साढ़े ग्यारह बज चुके थे। प्लेटफॉर्म पर ठंड और सन्नाटे का राज था। लगभग आधे घंटे बाद एक बूढ़ी–सी पैसेंजर ट्रेन रेंगती हुई आई, जैसे कोई थका–हारा रूहों का रथ, अपने घिसे ब्रेक से अजीब अशुभ सी...चों–चों..चीं..चीं. आवाज़ निकालते हुए खडी हो गई।

डिब्बा लगभग ख़ाली था, मैं अकेला बैठ गया। ठंड अत्यधिक थी और उससे भी अधिक धुंध। शर्ट–पैंट के नीचे इनर और ऊपर मोटा ऊनी जैकेट भी मुझे उस कंपकंपाती रात में ठंड से बचा नहीं पा रहा था। बैग मेरे पास ही था, हमेशा की तरह।

ट्रेन धीरे–धीरे ढक–ढक की अलसाई–सी आवाज़ के साथ कुल्हड़िया की ओर बढ़ने लगी थी कि अचानक, न जाने कहाँ से, एक नवयुवती आकर मेरे सामने की सीट पर बैठ गई। सफ़ेद साड़ी,

बिना किसी ऊनी वस्त्र के, हाथ में एक पुराना झोला.... उसका चेहरा बर्फ़–सा सफ़ेद, आँखें, जैसे धुंध के पीछे से झाँकती हुई.... ख़ाली और वीरान.... ।

मैं उसे देख घबरा गया। बार–बार हमारी नज़रें टकरातीं... और हर बार दिल में एक अजीब–सी सिहरन उतर जाती। रात गहराती जा रही थी, ठंड और धुंध बढ़ती जा रही थी, मगर वह युवती न जाने किस लोक से आई थी, उसे ठंड छू तक नहीं रही थी।

ठंड से बचाव के लिए मैंने मफ़लर और दस्ताने भी पहन लिए, लेकिन उसकी साड़ी हिली तक नहीं। अँधेरे में भी दिखती उसकी सफ़ेद आँखें अब भी मुझे घूर रही थीं। मन ही मन सोचा, कोई साध्वी, व्रती होगी या शायद कोई पगली.... पर ये तर्क डर के सामने मूक हो चुके थे। डिब्बे में शायद हम दोनों के अलावा और कोई नहीं था।

तभी वह बोली.... ''आप पटना जा रहे हैं....?'' उसका स्वर जैसे बर्फ़ में लिपटा हुआ था।

''हां....'' मैंने कांपती आवाज़ में कहा। फिर वो मुस्कराई। पर वह मुस्कान एक अजीब सूनापन लिए थी, ऐसा ठंडा ख़ालीपन, जिसमें चीख़ तक जम जाए..... ।

तभी उसके झोले से एक खनकती आवाज़ आई, जैसे कोई ज़ंजीर हो.... या कोई ताबीज़, जो प्रायः मज़ारों पर बाँधा जाता है। घड़ी की सुई अब 12 के क़रीब थी.... अगला स्टेशन कोईलवर था।

तभी उसने मेरी तरफ झुककर कहा, ''नया साल शुरू होने वाला है... हैप्पी न्यू ईयर.... ''......फिर कुछ पल रुकी और एक अजीब–सी मुस्कान के साथ बोली, ''क्या आप जानना चाहेंगे कि मेरा आख़िरी साल कौन सा था....'' मेरा गला सूख गया.... उसने

जैसे मेरे भीतर झाँक लिया हो। मैंने कांपती ज़ुबान से कहा, ''क.... क्या मतलब?''

तभी घड़ी ने जैसे मौत का घण्टा बजाया..... 12 बज गए। ट्रेन एक ज़ोरदार झटका खा कर सदीसोपुर स्टेशन के पहले ही, सन्नाटे में, बांसों के जंगल के बीच, एकदम से रुक गई, जहाँ न कोई स्टेशन था, ना ही कोई लाइट.... सिर्फ धुंध और घुप्प अंधेरा... और.... एक बर्फ़ीला–सा सन्नाटा।

मैं घबरा कर उठ खड़ा हुआ.... मगर वो युवती.... ग़ायब.... न वो झोला, न कोई निशान.... सिर्फ़ मेरी सीट पर एक टूटे हुए पुराने कुल्हड़ से दबा, एक पुराने अख़बार का फटा हुआ टुकड़ा, जिसपर धुँधली हेडलाइन थी.... ''31 दिसंबर, 1986.... कुल्हड़िया के पास ट्रेन में संदिग्ध परिस्थिति में युवती की मौत''.....

मेरा दिल धड़कना भूल गया.... हाथ–पैर सुन्न.... किसी तरह दानापुर स्टेशन तक पहुँचा, स्टेशन की भीड़ भी भुतहा परछाइयों की तरह डोलती लगी। हर मोड़ पर धुंध से झाँकती आँखें..... ख़ाली, ठंडी, सफ़ेद.... पीली ट्यूब लाइटें काँपकर जलतीं–बुझतीं, मानो मृत्यु की बत्तियाँ जल–बुझ रही हों.... स्कूटर से आशियाना नगर अपने घर तक अकेले लौटने की हिम्मत मैं उस रात के लिए खो चुका था.....।

आज भी धुंधली सुनसान रात्रि में, जब कहीं दूर कोई खनक सुनाई देती है, तो ह्रदय काँप उठता है कि शायद वह सफ़ेद साड़ी वाली आत्मा फिर से लौट कर मेरे पास आ रही है।

❖❖❖

वर्क फ़्रॉम होम : एक त्रासदी

आज की तारीख़ में अगर कोई पूछे कि 'घर' किसे कहते हैं, तो जवाब मिलेगा, एक ऐसा वर्चुअल ऑफ़िस, जहाँ मीटिंग के बीच बर्तन मांज लिए जाते हैं और बाथरूम ब्रेक्स में बच्चे सँभाल लिए जाते हैं। हमारे यहाँ तो अब 'वर्क फ़्रॉम होम' नहीं, 'वर्क इन होम' का यथार्थवाद चल रहा है।

बात उस सुबह की है। बेटा, जो एक बहुराष्ट्रीय कंपनी में सॉफ़्टवेयर इंजीनियर है, और वर्चुअल दुनिया में **KPI (Key Performance Indicator)** और **SLA (Service Level Agreement)** से लड़ता है, अचानक एकदम से वास्तविक ज़मीन पर आ गिरा, और वह भी ब्रश करते समय!.....

भोर की बेंगलोरिया ठंडी हवा में बहू का फोन आया। आवाज़ में कंपन था.... लेकिन न नेटवर्क की वजह से, न ही ठंड की वजह से बल्कि उस हृदय की संवेदना से, जो व्हाट्सएप कॉल पर भी काँप जाती है।

''साकेत (बेटा) बेहोश हो गए हैं!''

बस इतना सुनते ही मैं पहले चप्पल खोजने लगा, फिर चश्मा... फिर अपनी हिम्मत.....

छोटे बेटे को अमेरिका से आए दो ही दिन हुए थे। एक महीने का ठहराव तय था.... लेकिन नीलू (पत्नी) तो उसके साथ पहले ही निकल पड़ी थी।

मैं, गृह–सुरक्षा के मर्यादा–बोध के साथ सिलेंडर का रेगुलेटर बंद कर, दूध वाले को सूचित कर, एक दो दिनों बाद निकल पड़ा। जान गया था, भइया भी वही हैं।

बेंगलोर पहुँच कर जो जानकारी मिली वो इस आधुनिक जीवन की त्रासदी थी। बेटा किसी प्रोजेक्ट के अंतिम चरण में था। पिछले पाँच दिनों में सिर्फ़ 4–5 घंटे की नींद.... इतनी कम नींद तो हम कॉलेज में भी नहीं लेते थे, जब परीक्षा सिर पर होती थी और इमरजेंसी काल में अनजाना भय.... लेकिन आजकल तो न भय है, न परीक्षा..... बस डेडलाइन है.... और डेली वर्क स्टेटस रिपोर्ट....।

बेटा बेहोश हुआ था.... शरीर नहीं, जीवन की प्राथमिकताएँ। ब्रश करते–करते गिरा.... गिरा नहीं, बल्कि संतुलन गिरा, उस सिस्टम का, जो नींद, काम, रिश्ते और संवेदनाओं के बीच झूलता रहता है।

अब आप कहेंगे, क्या वह अकेला है....?

नहीं साहब! बहू भी वहीं है, उसी घर में, उसी कमरे में, उसी टेबल के बगल की टेबल पर, लैपटॉप के सामने.... अलग–अलग 'ज़ूम मीटिंग्स' में व्यस्त.....।

कहते हैं, अब दोनों की बातचीत भी गूगल कैलेंडर में शेड्यूल होती है.... 'कॉल मी **@8 PM** डिनर टाइम; एजेंडा.... आलू की सब्ज़ी में नमक ज़्यादा क्यों....?'

और पोता.....?

वह अब नैनी के साथ बड़ा हो रहा है.... वही नैनी जिसे वह 'आंटी..ई..ई....' कहता है..... जो दूध पिलाते हुए कोकोमिलन दिखाती है और खिलौनों की कार की स्पीड बताती है। कहती है, ''देखो बेटा, ये फ़रारी है.... इसकी स्पीड तुरंत तेज़, तुरंत कम.... तुम्हारे पापा के ब्लड प्रेशर की तरह। दोनों ऊपर–नीचे हो रहे हैं!''

अब जब बेटा सो रहा है, बहू प्रेज़ेंटेशन में व्यस्त है, मैं पोते को गोदी में लिए नैनी से पूछता हूँ, ''तुम्हारे पास कोई नौकरी है?''

वह मुस्कुरा कर कहती है, ''नहीं, लेकिन घर में सबकी नौकरी मुझ पर टिकी है!''

और मैं सोचने लगता हूँ कि आधुनिकता का चरम शायद वो दिन होगा, जब 'ब्रश' एक वीकली टास्क बन जाएगा, और 'परिवार' एक गूगल मीटिंग लिंक....।

कहाँ आ गया जीवन? पहले कहते थे.... काम के लिए जीओ, नहीं, जीने के लिए काम करो। अब कहते हैं.... ब्रश करते हुए भी मीटिंग में रहो.... और गिर भी पड़ो तो **Slack** पर स्टेटस अपडेट करना मत भूलो!

बेटा अब ठीक है। डॉक्टर ने कहा, सिर्फ़ नींद की कमी है और सर में ऑक्सीजन की.... ऑक्सीजन के लिए मशीन लगती है।

डॉक्टर पूरे परिवार को बड़े स्नेह से देखती हैं.... इतने स्नेह से कि लगता है मानो हम उनके किसी शोध प्रोजेक्ट का हिस्सा हों। कई बार मिलने की मजबूरी रहती है.... शायद हम ही उनके 'रिटर्निंग कस्टमर ऑफ द मंथ' हों!

मैंने सोचा, चलो, ये बीमारी तो इलाज–योग्य है। पर नींद को 'ग़ैरज़रूरी' समझने की बीमारी का क्या इलाज है....?

❖❖❖

मर्जर : रिश्तों की बदलती धड़कन

कभी–कभी संस्थान भी मनुष्यों की तरह जीते हैं.... उनके भीतर भी आत्मा होती है, स्मृतियाँ होती हैं और रिश्तों की ऊष्मा होती है। हमारा बैंक भी ऐसा ही था– छोटा–सा, पर अपनेपन से भरपूर।

समय के साथ जब बदलाव आया, तो केवल संरचना ही नहीं बदली, दिलों के स्वर भी बदल गए। यह संस्मरण उसी यात्रा का चित्र है, जहाँ 'मर्जर' केवल बैंकों का नहीं, मानवीय संबंधों का भी एक मंथन बन गया।

कभी हमारा बैंक एक परिवार था.... छोटा–सा, मगर आत्मीयता से भरा हुआ। बैंक की दीवारें सख़्त थीं, पर दिलों के दरवाज़े हमेशा खुले रहते थे। हर सहकर्मी का चेहरा परिचित था, उसकी मुस्कान अपनी लगती थी।

किसी का जन्मदिन हो या किसी की पदोन्नति, सब मिलकर ख़ुशियाँ बाँटते थे.... और जब किसी पर कठिन समय आता, तो दफ़्तर का हर कोना सहानुभूति से भर उठता था, जैसे एक ही नाव में सवार यात्री, एक ही लहर से टकराते हुए, एक–दूसरे को संभालते आगे बढ़ते हों।

वह समय कितना संवेदनशील था, जब डॉ. एस. बी. पांडेय और सुशील सिंह के दर्दनाक वाकयों ने पूरे बैंक–परिवार को भीतर तक हिला दिया था। कोई कुछ कह नहीं पा रहा था, पर सबके दिलों में एक ही भाव था– ''हम एक हैं।''

ऐसा था हमारा बैंक, जहाँ दुख किसी एक का नहीं, सभी का हो जाता था।

शाखा से बाहर की दुनिया भी हमारी थी। पटना से आरा तक का डेली पैसेंजर सफ़र मानो उस जीवन का संगीत था, जहाँ रोज़ सुबह एक ही डिब्बे में हम सब सवार होते, और मुस्कानों व ठहाकों की गूँज में थकान कहीं खो जाती।

कोई अख़बार की हेडलाइन पढ़ता, कोई पिछली रात की मज़ेदार बात सुनाता, और कोई चायवाले की पुकार पर आधे स्टेशन पहले ही खिड़की से झुक जाता। ट्रेन हमारी शाखा का ही विस्तार लगती– चलती हुई, मगर उतनी ही आत्मीय....।

फिर धीरे–धीरे वक़्त बदला। एक दिन 'मर्जर' नाम का शब्द आया, सरकारी घोषणा–सा, पर भीतर कुछ तोड़ता हुआ.....

कहा गया, ''संरचना मज़बूत होगी, सेवाएँ बेहतर होंगी।'' पर किसी ने यह नहीं पूछा, क्या दिलों का भी मर्जर होगा?

धीरे–धीरे हमने पाया, बैंक तो बड़ा हो गया, मगर मन छोटा पड़ने लगा। नए चेहरे आए, नए नियम बने, नई शाखाएँ खुलीं, पर पुराना स्नेह सिमट गया। जो लोग कल तक साथ बैठते थे, अब किसी 'सीटिंग अरेंजमेंट' या 'ज़ोनल ट्रांसफ़र' में बिखर गए। पहले जो सहयोग था, वही अब प्रतियोगिता बन गया। जो साथी एक–दूसरे की सफलता में आनंद पाते थे, अब उसी से भय खाने लगे। संवेदना की जगह समीकरणों ने ले ली, और 'हम' की जगह 'मैं' ने.....।

वह हँसी, जो चाय के प्याले में उठती थी, वह लंच ब्रेक की साझा बातें, वह बी. बी. ओझा का अनोखा हास्य, वह छट्ठी लाल की

ठिठोली, और किसी की समस्या सुलझाने में सबका एकजुट होना– सब कुछ धीरे–धीरे इतिहास बन गया।

फिर आया कोरोना का समय, जब पूरी दुनिया ठहर गई। हमारे कई सहकर्मी चले गए.... कुछ चुपचाप, कुछ संघर्ष करते हुए। बैंक में सन्नाटा था, और दिलों में भय व शोक।

पहले अगर किसी की तबीयत बिगड़ती, तो सब पूछने पहुँच जाते थे.... अब केवल एक मेल आता.... **Deep regret to inform the sad demise...** न कोई शोकसभा, न कोई कंधा, बस स्क्रीन पर एक क्षणिक संदेश.... और अगले ही पल **Server busy....**

तब लगा, तकनीक ने बहुत कुछ आसान कर दिया है, पर इंसान होना कठिन बना दिया है। अब सोचता हूँ, हमने मर्जर से बहुत कुछ पाया– बड़ा मंच, नई तकनीकें, नई पहचान.... पर जो सबसे अनमोल था, वही कहीं पीछे छूट गया.... वह मानवीय सुकून, वह आत्मीय संवेदनशीलता।

कभी–कभी आँख बंद करता हूँ, तो पटना से आरा की वही ट्रेन फिर चल पड़ती है.... वही परिचित हँसी, वही पुकार, ''अरे शिवेश जी, चाय पीने चलिए!''.... और सब ठहाका लगाकर हँस पड़ते हैं। अब न वह हँसी है, न वह पुकार.... बस सिस्टम में एक मेल आता है– **Please find attached communication from Head Office....**

और मैं सोचता हूँ, मर्जर के बाद हम कितने आधुनिक हो गए, पर शायद उतने ही अकेले भी....।

❖❖❖

समाज का स्वर्ग-दर्शन

कूड़ेदान, कैमरा और पुख़्ता दावे का लोकतंत्र

हमारा एक मित्र था– घनश्याम। मोहल्ले वाले आदर से उसे 'घनश्याम बाबू' कहते थे।.... और अब वही व्यक्ति लोकतंत्र की कृपा से 'माननीय पार्षद जी' हो चुका है।

हमारे यहाँ सच्चाई से ज़्यादा उसकी क़ानूनी स्थिति ख़तरनाक होती है, इसलिए नाम बदला है, क़िरदार नहीं; बस अब उसे सरकारी मान्यता मिल गई है.....।

आज जब मैं उसे मंच पर खड़े होकर विकास का भाषण देते देखता हूँ, तो मुझे कलेक्ट्रेट का वह पुराना दृश्य याद आ जाता है, जहाँ वह पेशे से वकील था और जीवन से संघर्षरत।

उस दिन मुझे एक एफ़िडेविट बनवाना था। कलेक्ट्रेट पहुँचा तो देखा, घनश्याम अपनी कुर्सी पर विराजमान है। सामने एक क्लाइंट बैठा है, और बहस अपने चरम पर है।

क्लाइंट बोला– ''देखिए, 100 रुपये में बनाना है तो बनाइए, नहीं तो मैं जा रहा हूँ। बगल वाले वकील साहब 95 रुपये में बना रहे हैं।''

यह बोलकर वह उठने ही वाला था कि घनश्याम ने अपने चिर–परिचित आत्मविश्वास में कहा– ''जाइए.... लेकिन याद रखिएगा, मेरे यहाँ काम इधर–उधर का नहीं होता है, मेरे यहाँ काम 'पोख़्ता' होता है।'' मूल शब्द 'पुख़्ता' को 'पोख़्ता' बोलते हुए उसने 'ख़' पर ज़ोर देते हुए ऐसे बोला, जैसे सुप्रीम कोर्ट का निर्णय सुना रहा हो।

तभी उसकी नज़र मुझ पर पड़ी। क्षणभर के लिए वह झेंपा, फिर तुरंत पेशेवर मुस्कान ओढ़कर बोला, ''अरे, आओ–आओ शिवेश! क्या काम है?''

मैं सामने वाली कुर्सी पर बैठ गया और थोड़ी देर उस दृश्य का आनंद लेने लगा। उधर वह क्लाइंट अभी भी दुविधा में खड़ा था, 95 और 100 के बीच– लोकतंत्र जैसा असमंजस।

मैंने उसे संबोधित किया, ''अरे भाई साहब, किस चक्कर में पड़े हैं? एफ़िडेविट बनवाना है तो घनश्याम जी से बेहतर कोई नहीं है यहाँ। इनका काम बहुत 'पोख़्ता' होता है....'' मेरे 'पोख़्ता' में जो वज़न था, वह शायद पाँच रुपये पर भारी पड़ गया।

क्लाइंट तुरंत लौटा और 100 रुपये का नोट घनश्याम की मेज़ पर ऐसे पटका, जैसे देशहित में कोई बड़ा निर्णय ले लिया हो।

घनश्याम ने मेरी ओर देखा, उस नज़र में कृतज्ञता कम और रणनीतिक समझ अधिक थी। उस दिन मुझे पहली बार समझ आया, घनश्याम केवल वकील नहीं है, वह 'प्रस्तुति कला' का उस्ताद है।

समय बीता। कलेक्ट्रेट की वह कुर्सी छूटी और कूड़ेदान के पास एक नई कुर्सी मिल गई, जहाँ से उसने 'वीडियो आधारित समाज सेवा' की शुरुआत की। नालियाँ बिना उतरे साफ़ होने लगीं, पेड़ गमलों में उगने लगे, और झाड़ू हवा में घूमते हुए भी समाज को स्वच्छ घोषित करने लगी।....

फिर चुनाव आया.... और जो कौशल उसने 95 और 100 के बीच दिखाया था, उसी कौशल से उसने वोट और नोट के बीच संतुलन बना लिया। जनता को लगा कि जो आदमी पाँच रुपये के फ़र्क़ को 'पोख़्ता' बना सकता है, वह विकास को भी 'पक्का' ही करेगा.... और लोकतंत्र ने एक बार फिर अपनी उदारता दिखाई, घनश्याम बाबू पार्षद बन गए....।

अब हालात ये हैं कि पहले वह क्लाइंट को समझाता था, अब जनता को समझाता है.... पहले कहता था, ''मेरे यहाँ काम पोख़्ता होता है....'' अब कहता है, ''हमारे क्षेत्र में विकास पोख़्ता होगा।''.... फ़र्क बस इतना है कि पहले एफ़िडेविट बनता था, अब उम्मीदें बनती हैं....।

मैं एक दिन उसके कार्यालय गया। दरवाज़े पर बोर्ड लगा था– 'जनता दरबार (केवल फोटो और वीडियो हेतु)'..... अंदर वही पुराना आत्मविश्वास, वही 'पोख़्ता' अंदाज़.... ।

मैंने मुस्कुराकर पूछा, ''क्यों, घनश्याम, अब भी काम पोख़्ता होता है?''

वह हँसा, ''अब तो पूरा इलाका ही 'पोख़्ता' घोषित है।''

मैंने बाहर देखा.... नाली वही थी, पानी वही था; बस अब उसके पास एक कैमरा था।

मैं घर लौटते हुए सोचता रहा.... कलेक्ट्रेट में उसने पाँच रुपये का अंतर विश्वास से भरा था, और राजनीति में आकर वह पूरे अंतर को वीडियो से भर रहा है। हमारे लोकतंत्र की यही ख़ूबसूरती है.... यहाँ 'पोख़्ता काम' से ज़्यादा 'पोख़्ता दावा' चलता है।

और घनश्याम.... वह अब भी वही कर रहा है.... बस फ़र्क़ इतना है कि पहले एफ़िडेविट पर मुहर लगती थी, अब जनता पर।

❖❖❖

डिलीटेड लोकतंत्र : हरकतें वही, सोच नई

पहले हमारी शरारतें बहुत सीधी और साफ़ दिखाई देने वाली होती थीं। हम किसी के घर की कॉल–बेल दबाते और दरवाज़ा खुलने से पहले ही भाग जाते।

इस खेल का आनंद ही कुछ और था। सामने वाला समझ जाता था कि किसी ने शरारत की है, और हम भी जानते थे कि हमने ही की है– यानी अपराध भी स्पष्ट, और अपराधी भी स्पष्ट। पकड़े गए तो डाँट, बच गए तो जीत..... मामला वहीं समाप्त।

अब वही शरारत मोबाइल में आ बसी है। हम किसी को मैसेज भेजते हैं और तुरंत डिलीट कर देते हैं, ताकि सामने वाला पढ़ न सके.... लेकिन यहाँ खेल उल्टा हो गया है। पहले दरवाज़ा खुलने पर रहस्य ख़त्म हो जाता था, अब This message was deleted देखकर ही असली रहस्य शुरू होता है।

मोबाइल ने हमें दो महान शक्तियाँ दी हैं– पहली, बिना सोचे लिखने की स्वतंत्रता। दूसरी, लिखने के बाद पछताने की सुविधा। और इन दोनों के बीच जो पवित्र तीर्थ है, उसका नाम है, Delete for Everyone....

यह बटन नहीं, आधुनिक मनुष्य का प्रायश्चित–स्थल है। जैसे पहले पाप करके गंगा–स्नान किया जाता था, अब मैसेज भेजकर 'डिलीट' दबा दिया जाता है।

लेकिन विडंबना देखिए.... आज का समाज इतना धार्मिक हो गया है कि वह आपके इस 'डिजिटल प्रायश्चित' में भी शामिल होना चाहता है। आपने मैसेज डिलीट किया नहीं कि सामने वाला ऐसे सक्रिय हो जाता है, जैसे उसे कोई राष्ट्रीय गोपनीयता हाथ लग गई हो.... ''क्या था....?..... क्यों हटाया....?.... ग़लती से भेजा या सच्चाई से....?''

अब आदमी दुविधा में पड़ जाता है, भेजना बड़ी ग़लती थी, या हटाना उससे भी बड़ी....?

पहले मोहल्ले में एक ही शर्मा जी होते थे, जिनकी बेल बजाकर हम भागते थे। अब हर मोबाइल में सौ–दो सौ 'शर्मा जी' बैठे हैं.... हर कोई दरवाज़ा खोलकर पूछ रहा है, ''बताइए, क्या छुपा रहे हैं?''

डिजिटल युग ने हमें एक नई बीमारी दी है– ''क्यूरियोसिटी सिंड्रोम'.... यानि, जो दिख जाए उसमें दिलचस्पी कम, और जो हटा दिया जाए उसमें जान देने की तैयारी। आपने अगर साधारण–सा मैसेज भेज दिया, ''नमस्ते, कैसे हैं?''..... तो सामने वाला आराम से दो घंटे बाद जवाब देगा, ''ठीक हूँ।''..... लेकिन अगर आपने कुछ भेजकर डिलीट कर दिया, तो वही व्यक्ति दो सेकंड में ऑनलाइन आकर पूछेगा, ''बताइए न, इतना भी क्या राज़ है?''

अब हालत यह है कि आदमी मैसेज भेजने से पहले नहीं, डिलीट करने के बाद डरता है। पहले हम ग़लती करते थे, तो समाज हमें माफ़ कर देता था। अब हम ग़लती सुधारते हैं तो समाज हमें संदेह की नज़र से देखता है। डिलीट किया हुआ मैसेज अब

शब्द नहीं रहा, वह एक कल्पना बन चुका है..... और आदमी की कल्पना, लेखक से भी ज्यादा ख़तरनाक होती है।

आपने शायद 'ठीक है' लिखा होगा, लेकिन सामने वाला सोच रहा है, ''ज़रूर कोई बहुत बड़ा कांड था, जो हटा दिया!''

और फिर शुरू होता है स्क्रीनशॉट का युग, शक का महायज्ञ और ''बताइए न....'' का अखंड पाठ....।

सच तो यह है कि डिलीट बटन ने हमें सुधारा कम, शक करने वाला समाज ज़्यादा पैदा किया है। अब तो लगता है, पहले की शरारतें कहीं ज़्यादा ईमानदार थीं। कम से कम जो किया, वही दिखा। अब शरारतें भी 'डिलीटेड' हैं, और चरित्र भी.... और मैं....? मैं आज भी वही पुराना खिलाड़ी हूँ.... बस मैदान बदल गया है। तब बेल बजाकर भागता था, अब मैसेज भेजकर डिलीट करता हूँ। तब पकड़ लिया जाता था, तो हँसी आती थी; अब पकड़ लिया जाता हूँ, तो सफ़ाई देनी पड़ती है।

और यह जो सामने वाला हर बार पूछता है, ''आख़िर भेजा क्या था....'' क़सम से, कभी–कभी मन करता है, फिर से उसी पुरानी गली में लौट जाऊँ, किसी दरवाज़े की बेल दबाऊँ.... और खुलकर भाग जाऊँ.....

कम से कम वहाँ डिलीट करने का अपराध तो नहीं था न....।

❖❖❖

संकोच, सगाई और भाग्य–विधाता

उस ज़माने में शादी महज़ कोई रस्म नहीं होती थी। वह तो एक गंभीर सामाजिक विज्ञान हुआ करती थी, जिसमें पंडित से ज़्यादा काम आती थी, रिश्तेदारों की बेकार की सलाह, मित्रों की जासूसी क्षमता और मध्यस्थ की चालाकियाँ। .....और इन सबके ऊपर बैठा रहता था भाग्य–देवता। भाग्य–देवता भी कुछ वैसे ही थे, जैसे उस समय का बिजली विभाग.... कब कटेगा, कब आएगा..... इसका कोई भरोसा नहीं। अक्सर तो सगाई के ठीक पहले ही उनका मीटर ट्रिप कर जाता था।

हमारे परम मित्र मधुरेश के बड़े भाई, रमेश भइया। घर में वे आदर्श पुत्र; मोहल्ले में आदर्श युवक, और दहेजवालों की आँखों में काँटे की तरह चुभने वाले योग्य एवं आदर्श उम्मीदवार। उम्र, वेतन और संस्कार– तीनों की कसौटी पर खरे। समस्या बस इतनी कि शादी के मामले में भइया के पास संकोच का स्थायी पासपोर्ट था।

रमेश भइया विद्युत अभियंता थे। बॉसगिरी उन्हें पसंद नहीं थी। लगी–लगाई नौकरी छोड़ दी। अपनी मर्ज़ी से जीने वाले इंसान, नस–नस में उद्यमशीलता रची–बसी थी।

लड़की से बात करना तो दूर, उनका हाल ऐसा था मानो 'स्त्री–जाति' कोई रहस्यमय रसायन हो, जिसे छूते ही आदमी के संस्कार वाष्पित हो जाएँगे। लेकिन देखने–सुनने और समझने की तड़प उतनी ही थी, जितनी चुनाव के मौसम में नेता को नोटों की गठरी की होती है। इस मामले में वे अच्छे योजनाकार थे। जानकारी जुटाने का गुप्त ठेका किसे मिला? हमें और मधुरेश को....।

अब मामला था हमारे एक मौसेरे भाई की साली का। पढ़ी–लिखी, सुसंस्कृत, सुशील। यथा नाम तथा गुण। कुल मिलाकर 'श्रीमती संभावित'।

लेकिन ज़माना वो था, जब जोड़ी **Tinder** पर स्वाइप करके तय नहीं होती थी। न कोई **CCD** था, न **Meet Cute** सेल्फ़ी। वह था, 'देखन–सुनन नहीं, बल्कि जतन और योजन' का ज़माना।

यहाँ आते हैं मंच पर मधुरेश, जिनके भीतर 'मध्यस्थता जीन' जन्म से ही सक्रिय था। नये थे, पर कई परियोजनाओं पर काम करने का सफल अनुभव था।

हम दोनों ने योजना बनाई। मैंने कहा, ''देखो भाई, भइया को लड़की दिखाने का तरीक़ा निकालना होगा, पर भइया को बताए बिना।''

मधुरेश बोले, ''सही कह रहे हो, पर कैसे? वो तो सब पहले ही ताड़ जाते हैं।''

मैंने कहा, ''ताड़ते हैं तो ताड़ें, देखना वे महटियाएँगे, जैसे कुछ नहीं जानते। मामला ही कुछ ऐसा है। वे तो चाहेंगे ही साँप भी मर जाए, लाठी भी नहीं टूटे।''

आगे क्या किया जाय? समाधान किसी ऐप में कहाँ मिलता? हमें तो जाना पड़ेगा ऑफ़लाइन ब्रह्मास्त्र के पास..... संयोग का सेंटर– 'पटना महावीर स्थान।' सेफ जगह है..... जहाँ भीड़ इतनी होती थी कि किसी लड़की को घूर भी लो, तो वह 'भक्ति की

भाव–भंगिमा' कहलाती थी..... और लड़की वालों को समझाया जा सकता था, ''यह छेड़खानी नहीं, प्रभु चरणों में नज़रबंदी है।''

महावीर स्थान.... भीड़–भाड़, घंटियों की आवाज़, चमकता डब्बा लड्डू–प्रसाद का और भक्तों की लंबी कतार.... ऐसे माहौल में रमेश भइया का प्रवेश हुआ। माथे पर ताज़ा–ताज़ा लाल टीका, चेहरे पर सात्विकता का ऐसा लेप मानो अभी–अभी 'संकोच उपनिषद' का पाठ करके निकले हों।

अंदर से प्रार्थना भी बड़ी गूंगी क़िस्म की– ''हे प्रभु! आज बस इतना करा दो कि लड़की मुझे दिख जाए.... बात करने का साहस तो अगले जन्म में मिलेगा।''

उधर लड़की का प्रवेश भी किसी देवी–आविर्भाव से कम नहीं। हाथ में लड्डू–प्रसाद का डब्बा, उस पर सवार सजी गेंदा–फूल की माला.... ऐसा लग रहा था मानो वह 'संस्कार पैकेज' का प्रोटोटाइप मॉडल लेकर आई हो। साथ में बड़ी बहन, मानो बॉडीगार्ड कम ऑडिट–ऑफ़ीसर, जिसकी नज़रें चारों तरफ़ तैनात सीसीटीवी कैमरे जैसी।

अब समस्या यह थी कि सीधे देखना मना था, तो हमने इशारों की खगोलशास्त्रीय भाषा का प्रयोग शुरू किया।

मैंने मधुरेश को कोहनी मारी, ''देखो, सप्तऋषि मंडल की तरफ़ देखो.... मतलब लड़की आई है।'' मधुरेश ने भइया को धीरे से कहा, ''भइया, उधर देखिए, पर ऐसे जैसे सामने हनुमानजी की मूर्ति है।''

भइया ने गर्दन घुमाई। लेकिन उनके चेहरे पर भाव ऐसा था मानो मूर्ति और संभावित श्रीमती में अंतर कर ही न पा रहे हों।

लड़की पक्ष ने भी हल्की–सी नज़र–से–नज़र मिलाई, पर वह नज़र इतनी संक्षिप्त थी कि ब्रह्मांड में कोई उपग्रह भी इतना लो–ऑर्बिट में घूमकर नहीं निकलता..... और इस संपूर्ण यज्ञ में, हम

दोनों– मैं और मधुरेश, ख़ुद को पौराणिक टेलीपैथी के पुरोहित समझ रहे थे।

महावीर स्थान से उतरकर जैसे ही लड़की पक्ष नीचे आया, वहाँ माहौल अचानक किसी कंपनी के बोर्डरूम में बदल गया।

लड़की के भाई ने कहा, "चेहरा तो ठीक है, पर नौकरी कहाँ करते हैं?"

बड़ी बहन, अर्थात मेरे मौसेरे भाई की पत्नी ने ऑफ़ीसर टोन में उत्तर दिया– "सुना है, मोहन मेकिंस में।"

बस! इतना सुनना था कि पूरा परिवार ऐसे सन्नाटे में डूब गया जैसे घर में अचानक पानी का मोटर बंद हो गया हो।

चाचाजी उर्फ़ लड़की के पिताजी ने आँखें नचाईं– "मोहन मेकिंस....?.... अरे ये वही शराब वाली कंपनी....? यानी हमारे होने वाले दामाद लीकर इंडस्ट्री के लायज़न ऑफ़ीसर निकलेंगे....? हे भगवान! लड़की को तो हमने भक्ति भाव से पाला था। अब शादी के बाद क्या रोज़ घर में विदेशी बोतलों की सजावट होगी....?"

अशोक भइया, लड़की के जीजाजी, जो सब कुछ जानते थे, उन्होंने समझाया– "देखो, लड़का क्वालीफ़ाएड है, इलेक्ट्रिकल इंजीनियर है, काम भले ही शराब कंपनी का हो, पर लड़का अकाउंट्स में है। लेन–देन का हिसाब–किताब रखता है, बोतल का नहीं, कब तक टिकेगा यहाँ?"

तबतक साथ आई एक महिला ने अंतिम वाक्य फेंका– "देखिए, भगवान् की मूरत और शराब की बोतल एक ही दुकान से निकले तो भी, संस्कार कहाँ बचेगा?"

पूरा पक्ष मानो नौकरी सत्यापन समिति बन गया। कुंडली बाद में देखनी है, पहले जॉब प्रोफ़ाइल का ड्यू–डिलिजेंस ज़रूरी है।

लड़की पक्ष ने सीधा सवाल दागा– ''भइया जी, ये नौकरी शराब कंपनी में करते हैं न?''

हमने तुरंत मुस्कान ओढ़ी, जैसे कोई सरकारी अफ़सर घूस लेते पकड़ा जाए और कहे, ''अरे, ये तो चाय–पानी था!''

हम बोले, ''नहीं–नहीं चाचाजी! कहाँ शराब–वाराब.... रमेश भइया तो बस अकाउंट्स विभाग में हैं। उनका असली काम तो संस्कार वितरण है।''

चाचाजी चौंके– ''संस्कार वितरण....?''

मैंने तुरुप का पत्ता फेंका, ''हाँ! हर साल भगवान् वाले कैलेंडर छपते हैं न, कभी भोलेनाथ, कभी राम–सीता, कभी–कभी जीसस क्राइस्ट के भी.... बस अकाउंट्स के अलावा वही वितरित करना इनका पवित्र दायित्व है..... कैलेंडर के नीचे छोटा–सा नाम लिखा रहता है, **Mohan Meakin...** उसी से तो कंपनी चल रही है!''

पिताजी ने राहत की साँस ली, ''अच्छा, तो शराब से कोई लेना–देना नहीं?''

मैंने सिर हिलाते हुए कहा, ''लेना–देना....? अरे भइया तो शराब की गंध से भी एलर्जिक हैं। ऑफ़िस में अगर वाइन–टेस्टिंग चल रही हो तो ये खाँसते–खाँसते बाहर आ जाते हैं।''

इतना सुनते ही भाभी खिलखिलाकर बोलीं, ''ऐसे संयमी लड़के आजकल कहाँ मिलते हैं?''

पूरा परिवार गदगद.... लगभग यह मान लिया गया कि रमेश भइया की नौकरी, वेतन और कुंडली, सब कुछ 'मोहन मेकिन' के कैलेंडर के साथ पवित्र हो गया है।

अंततः तय हो ही गयी सगाई। मोहल्ले में ऐसा माहौल बना मानो कोई बड़ी डील फ़ाइनल हो गई हो। आख़िरकार सगाई का मुहूर्त तय हुआ।

अब सवाल था, पंडित जी कौन? मोहल्ले–गली के असली पंडित तो सब 'दक्षिणा टैरिफ़' में उलझे रहते।

तब मधुरेश ने तुरुप का पत्ता फेंका, "भाई, पंडित हैं न, डॉ. कन्हैया, उर्फ़ डॉ. राजीव नयन मिश्रा.... मिश्रा हैं, ख़ालिश ब्राह्मण।"

तो सगाई के दिन मेडिकल–पंडित मंडप में विराजमान हुए। किसी ने धीरे से कहा, "लगता है, ये 'जातक–दोष' नहीं, ब्लड प्रेशर जाँचेंगे।"

मिश्रा जी सकुचाते हुए मंच पर विराजमान हुए, जैसे कोई चोरी कर रहे हों।

चाचाजी (बाबूजी) बोले, "शास्त्रों में लिखा है, चावल का आदान–प्रदान सबसे पवित्र कर्म है।"

फिर डॉक्टर साहब ने झेंपभरी मुस्कान के साथ दोनों पक्षों को चावल थमाया– "लीजिए, आप इधर से उधर कर दीजिए।"

बस! चावल की अदला–बदली हुई और पूरा परिवार गदगद।

किसी बुजुर्ग ने दबी आवाज़ में कहा– "आज तक सुना था कि ब्राह्मण शुद्ध मंत्र पढ़ते हैं, ये तो संक्षिप्त प्रिस्क्रिप्शन लिखकर ही सगाई करा गए!"

शादी के कुछ साल बाद भाभी, जो कभी 'देखी गई लड़की' थीं, हँसते हुए बोलीं– "वो नौकरी वाली बात, बाद में सब समझ गई थी.... पर वो 'कैलेंडर बाँटते हैं' वाला बहाना....?"

मैं मुस्कराया, "भाभी, वो बहाना नहीं था.... संस्कार और सच्चाई की स्मार्ट पैकेजिंग थी। थोड़ा धार्मिक घोल, थोड़ा लेखा–जोखा और कुछ मधुरेशीय जुगाड़।"

जनवरी आते ही जब नया कैलेंडर टँगता, ऊपर भगवान् या जीसस, और नीचे बड़े गर्व से लिखा होता– Mohun Meakin Since 1862....

रमेश भइया रबर–बैंड में लिपटा कैलेंडर मेरी ओर बढ़ाते हुए कहते, ''शिवेश, लो, नया संस्करण आ गया।''

और अब रमेश भइया जब भी हमसे मिलते, कभी निश्छल जैसे दुनिया से अनजान, कभी लपेटने वाले अंदाज़ में जैसे कोई छिपा संदेश दे रहे हों, तो कभी स्नेह से सिर पर बिठाने वाले अंदाज़ में कहते, ''शिवेश तो मेरा भाग्यविधाता है.....''

उस एक वाक्य में छिपा श्रेय, संकेत और संदेह मैं हर बार पढ़ लेता हूँ और बस मुस्कुराकर रह जाता हूँ, जैसे किसी ने मोहन मेकिंस कैलेंडर में अगले जन्म की तारीख़ चुपचाप दर्ज़ कर दी हो।

❖❖❖

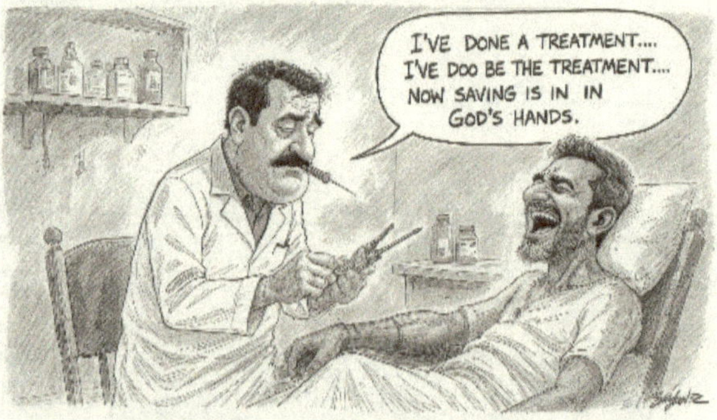

लोकल एजेंट ऑफ़ गॉड

कंकड़बाग चौराहे पर हमारा पुराना घर था। उसी नुक्कड़ पर, जहाँ हर राहगीर को लगता कि यह 'ज़िंदगी की बजट बैठक' का प्रवेशद्वार है, जहाँ खड़ा था एक छोटा–सा दुकाननुमा क्लिनिक.... लकड़ी के हरे–हरे फोल्डिंग दरवाज़े पर एक उखड़ा हुआ नेमप्लेट लटकता– 'डॉ. जगदेव अवस्थी'।

भगवान् जाने किस युग के डॉक्टर और डाक्टरी की कौन–सी डिग्री.... क्लिनिक का रूप–रंग किसी हड़ताली मोड़ पर लगे तंबू जैसा था– धूल–भरे, धुंधले शीशों वाली लकड़ी की अलमारियाँ, जिनमें दवाइयाँ ऐसे ठुंसी रहतीं, मानो शरीर पर बोझ लाद दिया गया हो; बाबा–आदम ज़माने की काली पड़ चुकी टेबल–कुर्सी; और सामने बेमन से रखी मचमचाती दो–चार कुर्सियाँ। मरीज़ आते, अपनी बीमारी का लंबा भाषण देते, और डॉ. साहब जवाब देते, कभी किसी दार्शनिक वाक्य में, कभी अपनी अमोघ औषधि की लाल शीशी के सहारे। ख़ुराक का अंदाज़ा उसी पर चिपके कैंची से कटे काग़ज़ के टुकड़े से लगाया जाता....।

डॉ. साहब के मुँह में पान हर वक़्त भरा रहता। हर वाक्य की शुरुआत वे मुँह उठाकर, निचला ओठ बाहर निकाल कर करते। उनके दाँत पान–भक्ति के आजीवन गवाह थे.... गहरी लाली में डूबकर काले हो चुके, मानो कोयले पर लाल वार्निश चढ़ा दिया गया हो।

एक बार मेरा छोटा भाई ज्ञानेश बीमार पड़ा। सुबह–शाम इंजेक्शन अनिवार्य। मगर डॉक्टर साहब का 'निडल' इतना कुंद था कि लगता, यह मांसपेशी में घुसने नहीं, खेत जोतने आया हो।

बाबूजी घर में शौक से एक इंजेक्शन–सेट रखते थे। कभी ज़रूरत पड़ती तो वे ख़ुद इंजेक्शन लगा देते। पैसे की बचत भी हो जाती। इसी शौक में उन्होंने पूरा सेट ख़रीद लिया था। उसे वे बड़े सहेजकर रखते, जैसे लोग घर में पेचकस या प्लास रखते हैं। फ़र्क बस इतना था कि यह औज़ार नल की मरम्मत के बजाय सीधे मांसपेशी में ठोंका जाता। डॉ. साहब से पारिवारिक सम्बन्ध होने के कारण वे भी इस तथ्य से भली–भाँति परिचित थे।

हर बार निडल चुभते ही ज्ञानेश कराह उठता, ''उफ़्फ्फ्फ्फ! डॉ. साहब, बहुत दर्द होता है....''

डॉ. साहब पान निगलकर गंभीर स्वर में कहते, ''सुनो! दर्द से भागोगे क्यों? यही तो जीवन का असली शिक्षक है। यही दर्द कल तुम्हें महान् बनाएगा।''

डॉ. साहब की सबसे बड़ी पूँजी थी, लाल शीशी। खाँसी, बुखार, चोट या घर–गृहस्थी का झगड़ा– हर समस्या का निदान यही लाल शीशी।

''ज्ञानेश! एक कट सुबह, एक कट शाम। तकलीफ़ बढ़े तो आधा कट रात में ले लेना।''

हम सोचते, यह दवा है या टेलरिंग की नाप?

''डॉ. साहब, दवा बहुत कड़वी है।''

डॉ. साहब ठाठ से कहते, ''दवा जितनी कड़वी, असर उतना गहरा।''

बच्चे इसे रूह-अफ़ज़ा समझकर पी तो लेते और फिर पछताते। औरतें मुँह बनाकर कहतीं, ''दवाई के रंग त अइसने हई, जइसे पान के पीक....।''

बुजुर्ग चम्मच भर पीकर संतोष से कहते, ''दो रुपये में तो जान में जान आ गई।''

इंजेक्शन का दर्द बढ़ा तो डॉ. साहब ने उपाय निकाल ही लिया.... ''ज्ञानेश! तुम्हारे बाबूजी का निडल घर में है न? कल उसे साथ लाना। मेरे वाले का नोक तो लगता है सात समंदर पार चला गया है।''

दूसरे दिन ज्ञानेश बाबूजी का सेट लेकर पहुँचा। डॉक्टर साहब ने बाबूजी के सेट से निडल निकालकर अपनी सिरिंज में फ़िट किया और इंजेक्शन ठोंक तो दिया मगर मांसपेशी से निडल निकालते समय खेल बिगड़ गया। सिरिंज अलग हो गया, पर निडल मांसपेशी में ही अटका रह गया।

ज्ञानेश दर्द से लोटपोट.... ''उफ़्फ्फ्फ्फ! डॉ. साहेब, मर गए'' डॉ. साहब निर्विकार स्वर में बोले, ''सुनो! तुम्हें तुम्हारे भइया का पायजामा पहना दिया जाए तो क्या होगा? सड़क पर नीचे ही न गिरेगा?'' मरीज़ डॉक्टर के सामने हँस नहीं सकते थे, पर भीतर ही भीतर खिलखिलाते। रोगी तड़पता और डॉक्टर मजाक के भजन गाते....।

पीठ पीछे मरीज़ चाहे जो कहे, मगर सामने यही बोलता, ''डॉ. साहब, आप तो भगवान् हैं....'' और वे अकड़कर कहते, ''भगवान् नहीं, उसका लोकल एजेंट हूँ।''

लेकिन जिस दिन वह भोथरा निडल ज्ञानेश की मांसपेशी में जाम हो गया और लाल शीशी ने भी हथियार डाल दिए, उस

दिन हमें समझ आया कि यह 'लोकल एजेंट ऑफ़ गॉड' दरअसल रेलवे का टिकट चेकर है, जो सोचता है, टिकट सबका कटना ही है, पहले या बाद में।

यही थी डॉ. जगदेव अवस्थी की चिकित्सा–गाथा, जहाँ कुंद निडल खेत जोतता था, बाबूजी का इंजेक्शन–सेट पेचकस की तरह काम आता था, लाल शीशी भ्रम पालती थी और पान–भरा गाल हर संवाद को कॉमेडी बना देता था।

मरीज़ चाहे तड़पे या ठहाका लगाए, डॉक्टर साहब हमेशा अकड़कर कहते, ''इलाज तो मैंने कर ही दिया है.... अब बचाना भगवान् के हाथ में है....।''

❖❖❖

गोटियाँ, गुट और गवर्नेंस

कैरमबोर्ड के चार कोनों के लिये राजनीति से लेकर पदावनति तक सब निपट जाता था। कोने के लिये हर चाल में चालाकी और हर गोटियों में गोटबंदी। लेकिन 'प्राइम टाइम' की दो सीटें थीं जो संविधान के अनुच्छेद 370 जैसी रिज़र्व मानी जाती थीं– एक, चाचा जी के लिए, जिनका ओलंपिक–स्तरीय उँगली–प्रहार दाँतों तले ऊँगली दबाने लायक़ था, और दूसरी, वकील साहेब, धर्मचंद जी के लिए....

अब ये वकील साहेब हैं कौन....? वकील साहेब, यानी मोहल्ले के 'स्वघोषित संरक्षक', जो ख़ुद के बेटे को तो B-Com में तीसरी बार भी प्रमोट नहीं करा सके, लेकिन हमारे फ़्यूचर के लिये इतने चिंतित थे, जैसे वर्ल्ड बैंक सिंधु जल समझौते के लिए। उनकी बातों में गांधीजी का आदर्श, पटेल की दृढ़ता और सुभाष बाबू की हुंकार– सब चाय की प्याली में घुली रहती थी।

वे कैरम नहीं खेलते थे, लोकतंत्र की निगरानी करते थे। हर काली गोटी पर उन्हें 'संप्रदायवाद' और हर सफ़ेद गोटी पर 'पश्चिमी पतनशीलता' नज़र आती थी।

हम सभी मित्रों के लिए वे नासिका में अटकता रुमाल थे, निकालो तो छींक, रहने दो तो असहजता। पर जब वे बोलते थे, तो मोहल्ले की हवाओं में भी सन्नाटा पसर जाता था और चाचा जी तक गोटियाँ उठाना बंद कर देते थे।

उनका सबसे बड़ा योगदान था, खेल के बीच में अचानक भाषण देना.... ''तुम लोग सिर्फ़ कैरम नहीं खेल रहे हो, तुम राष्ट्र का चरित्र गढ़ रहे हो!'' उस वक़्त हम सोचते थे, काश गोटियाँ भी वोट डाल सकतीं तो शायद पार्षद का चुनाव भी जीत जाते। और फिर वो निर्णायक टॉनिक, ''मैं भी बचपन में बहुत खेला करता था, मगर फिर ज़िम्मेदारियाँ आ गईं....''

यह वाक्य सुनते ही हमारे कुछ साथी सीट छोड़कर उठ जाते.... मधुजी को टॉयलेट याद आ जाता और प्रमोदजी प्याज काटने घर चले जाया करते थे। कुछ जो नहीं उठते थे, इस प्रत्याशा में कि शायद कैरमबोर्ड का कोई ख़ाली कोना मिल जाए।

लेकिन चाहे जितनी भी गोटियाँ खिसक जाएँ, उन दोनों की वह स्थायी सीट न खिसकी, न हिली; जैसे संविधान की प्रस्तावना। चाचा जी बनाम वकील साहेब, एक शास्त्रार्थ, जिसकी गूंज अब भी मोहल्ले की दीवारों पर सुनाई देती है।

चाचा जी कैरम खेलते नहीं थे, वे कैरम जीते थे। उँगलियों में स्पिन, आँखों में टारगेट, और होठों पर पान का स्थायी लाइसेंस। उनका स्ट्राइकर जब चलता, तो पास की मंदिर की घड़ी भी एक सेकंड रुककर देखती थी, क्या शॉट है!

पर वकील साहेब को यह अनुशासनहीन कलाबाज़ी लगती थी। उनका मानना था, खेलों से चरित्र–निर्माण होना चाहिए, न कि गोटियों का संहार!.... और यहीं से शुरू होता था संघर्ष.... स्टाइल बनाम सिद्धांत, स्पिन बनाम संस्कृति, गोटी बनाम नैतिकता।

एक दिन चाचा जी ने गेम की शुरुआत की और ओपनिंग में ही तीन गोटियाँ डाल दीं।

वकील साहेब ने खाँसते हुए कहा, "इस देश की यही समस्या है.... प्रतिभा बिना अनुशासन के।"

चाचा जी पान थूकते हुए मुस्कराए, "और इस देश की दूसरी समस्या है, अनुशासन बिना प्रतिभा के!"

इतना सुनना था कि मैदान में सन्नाटा....। दो मित्र तो गोटियाँ छोड़कर, हँसी से हवा भरे गालों वाला मुंह दूसरी तरफ़ फेरते हुए नीचे की ओर खिसक गए ताकि 'फों...फों' के साथ कहीं हँसी का फव्वारा न फूट पड़े। वकील साहेब का चेहरा उस वक़्त ऐसा लग रहा था जैसे उन्हें किसी ने क्रिकेट में आउट दे दिया हो।

फिर वो ऐतिहासिक क्षण आया.... वकील साहेब ने ख़ुद स्ट्राइकर उठाया.... उनकी उँगली में कंपन था, पर आँखों में इतिहास. .... पहली ही चाल क्या थी, स्ट्राइकर सीधे पॉकेट में....।

वकील साहेब बोले, "कम से कम हिट तो हुई न?" इसके बाद हर दिन कैरम सिर्फ़ खेल नहीं रहा, एक वैचारिक युद्ध बन गया। एक ओर चाचा जी का कैरम–गुरुकुल, दूसरी ओर वकील साहेब की नैतिक परिषद्....।

और हम....? हम तो बस गोटियाँ थे, कभी इस पॉकेट में, कभी उस पॉकेट में। पर दोनों से सीखा कि ज़िंदगी में भी स्ट्राइकर तभी काम करता है, जब हाथ में हुनर और दिमाग़ में दिशा हो।

कैरम का वो पुराना बोर्ड अब कहीं नहीं, पर चाचा जी की स्पिन और वकील साहेब की स्पीच अब भी मोहल्ले की दीवारों से टकरा कर लौट आती है, जैसे लोकतंत्र में हर बहस वापस जनता के दरवाज़े पर आकर ठहर जाती है।

❖❖❖

डम्बल, दृष्टि और लोकतंत्र

पेट का लोकतंत्र बड़ा निर्दयी होता है। वह चुनाव बिना पूछे जीत जाता है और फिर पूरे शरीर पर अपनी सरकार चला देता है।

एक सुबह आईने के सामने खड़ा था। आईना मुझे नहीं, मेरे पेट को देख रहा था और मुस्कुरा रहा था, जैसे कह रहा हो, ''जनता ने फ़ैसला सुना दिया है.... अब सुधार करिए, वरना अगली बार पूर्ण बहुमत मिलेगा।''

मैंने उसी क्षण निर्णय लिया, देश सुधारना कठिन है.... पेट सुधार लेते हैं और जोश में आकर जिम ज्वाइन कर लिया।

जिम में घुसते ही लगा कि यह कोई व्यायामशाला नहीं, बल्कि एक ऐसा लोकतंत्र है, जहाँ हर कोई ख़ुद को प्रधानमंत्री समझता है और दूसरों को देखकर नीति बदलता रहता है। कोई ट्रेडमिल पर ऐसे दौड़ रहा था, जैसे पिछली ज़िंदगी के सारे पाप पीछे से दौड़ते आ रहे हों..... कोई शीशे के सामने ऐसे मांसपेशियाँ फुला रहा था, जैसे पिछले जनम में दुर्योधन रहा हो और सामने से भ्राता भीम आता दिख गया हो।

और कुछ लोग ऐसे थे, जो मशीन से ज़्यादा अपनी हेयरस्टाइल सेट कर रहे थे। नज़रें जिम के विशेष कॉर्नर की ओर टिकी थीं कि उधर से कोई बाल सोंटते देख तो नहीं रहा है न....?

जिम के उस कॉर्नर में बोर्ड लगा था– 'लेडीज़ सेक्शन'.... अब यह बोर्ड कम और पुरुष–मन के लिए एक 'राष्ट्रीय आकर्षण केंद्र' ज़्यादा था।

उधर एक अलग ही वातावरण था– ना शोर, ना प्रदर्शन, बस सीधी–सादी मेहनत।

और इधर पुरुष, एक हाथ से डम्बल उठाते, दूसरी आँख से 'निरीक्षण' करते।

एक दिन मैंने भी सोचा कि चलो, थोड़ा 'संस्कृति अध्ययन' कर लिया जाए। मैं धीरे–धीरे उस दिशा में बढ़ा, जैसे कोई पुरातत्व विभाग का अधिकारी खुदाई के लिए जा रहा हो।

तभी पीछे से ट्रेनर की आवाज आई, ''सर, उधर मेंबरशिप अलग है....''

मैंने तुरंत कहा– ''नहीं–नहीं, गर्मी बहुत है। मैं तो बस, वेंटिलेशन देख रहा था!''

ट्रेनर मुस्कुराया, ''सर, यहाँ सब वेंटिलेशन देखने ही आते हैं....''

लेकिन असली घटना अभी बाक़ी थी।

एक दिन हिम्मत करके मैंने लेडीज़ सेक्शन के पास वाली मशीन पकड़ ली, सोचा, ''पास रहेंगे तो प्रेरणा भी पास रहेगी।''

मैंने भारी वज़न उठाने की कोशिश की ताकि 'इम्प्रेशन' भी उठ जाए.... जैसे ही उठाया, हाथ काँपने लगे.... चेहरा भी लाल.... आत्मा ने भीतर से कहा, ''भाई, यह प्रेम नहीं, प्रलय है!''

तभी संतुलन बिगड़ा और मैं धीरे–धीरे बहुत ही गरिमामय तरीके से धड़ाम से बैठ गया।

पूरा जिम चुप। उधर से एक महिला ने बहुत शांति से कहा, ''सर, पहले हल्के से शुरू कीजिए, इम्प्रेशन बाद में भी बनाया जा सकता है।''

उस एक वाक्य ने मेरे आत्मसम्मान की रीढ़ की हड्डी तोड़ दी, जिसे मैं उठाने जिम आया था।

उस दिन समझ में आया कि लेडीज़ सेक्शन कोई आकर्षण नहीं, बल्कि आईना है, जहाँ हमें अपना असली स्तर दिखता है। जहाँ हम दिखावे में उलझे हैं, वहाँ वे लोग सचमुच काम कर रहे हैं। और हम? हम 'वर्कआउट' कम, 'वॉचआउट' ज़्यादा कर रहे हैं। अब समझ में आया, जिम में दो तरह के लोग होते हैं– एक, जो शरीर बनाते हैं, और दूसरे, जो बहाने बनाते हैं।

और मैं....? मैं अभी भी दोनों के बीच झूल रहा हूँ.... कभी डम्बल उठाता हूँ, कभी नज़र।

आज भी जिम जाता हूँ..... मशीनों से कम, अपने भ्रमों से ज़्यादा लड़ने।

और पेट....? वह अब भी सत्ता में है.... उसने प्रीमियम मेंबरशिप ले ली है.... और रोज़ मेरे साथ हँसता है, ''तुम कोशिश करो, हम सत्ता में बने रहेंगे!''

❖❖❖

स्वर्गलोक और समाजलोक की विडंबनाएं

एक मरणासन्न नैतिकता

वर्ष 2006 की बात है।

बड़ा बेटा तब छोटा ही था, बस नवीं कक्षा में। मासूम–सा, कुछ समझता, कुछ नहीं। और मैं.... मैं आरा में अपने बैंक दफ़्तर की कुर्सी पर भविष्य के लिए वर्तमान को गिरवी रखे बैठा था।

अचानक पत्नी का फ़ोन आया। घबराई हुई आवाज़, डूबी हुई साँसें.... साकेत के दोस्त की माँ आई है.... बहुत रो रही है.... कह रही है, पति अस्पताल में हैं.... ब्रेन का इमरजेंसी ऑपरेशन है.... पचास हज़ार रुपये चाहिए....

''कौन है ये?'' मैंने पूछा।

''बेटे का दोस्त है.... साथ पढ़ता है....'' पत्नी ने कहा।

''नाम....?'' मैंने दुबारा पूछा।

''नाम नहीं मालूम। पर बहुत ही दुख में है। औरत बहुत रो रही है, मदद करनी चाहिए न?'' ये वाक्य नहीं था, भावनात्मक फ़रमान था.... माँ बनाम सिस्टम.... पत्नी बनाम बैंक....।

मैंने अपनी सीमाएँ देखीं.... और फिर पत्नी की आँखें.... और अंततः बैंक के COD खाते से 30,000 रुपये का कर्ज़ लिया और भेज दिया।

हृदय जीत गया, विवेक हार गया....।

वो औरत बहुत कृतज्ञता के आँसुओं के साथ घर से विदा हुई। कह गई, बस दस दिन में लौटा देंगे।.....

वो दस दिन.... फिर किसी पंचांग में नहीं आए।

समय बीता। चाँद अपने ठिकाने पर लौटता रहा, बेटा नवीं से प्लस टू में चला गया। अब उसे इंजीनियरिंग की तैयारी करनी थी। घर में पैसों की टंकी रुक–रुक के रिस रही थी और बैंक की किस्तें तेज़ धार से बह रही थीं।

अब नैतिकता के साथ विनम्रता का अंत हो चुका था। मैंने बेटे के दोस्त की माँ से पैसे माँगने शुरू किए।

''अभी काम नहीं चल रहा है.... बिज़नेस में थोड़ा घाटा हो गया है.... अगले महीने.... बस, पक्का....''

यह 'पक्का' सुनते–सुनते मेरी सहनशीलता 'फ़िक्स्ड डिपॉज़िट' बन गई थी, जिसका मैच्योरिटी डेट आता ही नहीं था।

फिर एक दिन फोन भी उठना बंद.... पता चला, घर भी बदल दिया गया.... समाज के 'उदार वर्ग' की नई चाल– 'मोबाइल पोर्टेबिलिटी और चरित्र शिफ़्टिंग'।

लेकिन मैं भी बाप था और वह भी उस बेटे का जो अब इंजीनियरिंग के मुहाने पर खड़ा था। मैंने फिर खोजबीन की और नए घर का पता निकाल ही लिया।

एक दिन पहुँच गया। दरवाज़ा खुला। वही महिला, वही साड़ी, वही चेहरा– ''वो बाहर गए हैं....'' कहकर झूठ का फ़्रिज खोल कर मुझे भीतर बैठने को कहा।

मैंने वही किया, जो एक पिता करता है, जब उम्मीद की अंतिम डोरी भी बुत बन जाती है। मैंने उनके पति को कॉल किया, बार–बार.... और फिर.... एक चमत्कारी क्षण.... घर के खुले दरवाज़े से एक सज्जन अंदर आए.... पान चबाते, बाएँ जेब में वाइब्रेट करता मोबाइल बज रहा था।..... वही नंबर, वही झूठ और वही नज़रें चुराते चेहरे पर बेशर्मी की पॉलिश।

''अरे, आप यहाँ?'' उन्होंने ऐसे कहा, जैसे मैं कोई बीमा बेचने आया हूँ।

मैंने संयम के मंदिर में खड़े रहकर केवल इतना कहा– ''जी मैं.... एकदम स्वस्थ लग रहे हैं.... अब तो आपको मेरी नज़र में ऑपरेशन की नहीं, संवेदनाओं की आपातकालीन सर्जरी की ज़रूरत है।''

वो बोले, ''भाई साहब, अबकी बार पक्का दे दूँगा। अगले महीने की पांच तारीख़....''

मैंने सोचा, क्या पांच तारीख़.... अब कोई नया धर्म बन चुका है, जिसकी पूजा सब कर्ज़दार करते हैं?

उदारता तब तक पुण्य है जब तक उसे मूर्खता में परिवर्तित न कर दिया जाए। दया माँगने वालों के आँसू असली हों, इसकी जाँच थर्मामीटर से नहीं, चरित्र से की जानी चाहिए.... और सबसे महत्वपूर्ण, बेटा का दोस्त वही होता है जो मित्रता को माँ–बाप की जेब से नहीं, खुद की नीयत से निभाए....।

उस दिन से मैंने सीखा– ''आदमी का ऑपरेशन ब्रेन का नहीं, नैतिकता का ज़्यादा ज़रूरी है।'' .....और पत्नी से कहा, ''अगली बार किसी के आँसू से पहले उसका आधार कार्ड माँग लीजिए।''

और फिर एक मोड़ आया.... उस दिन जब मैं लौटकर घर पहुँचा, भीतर एक अजीब–सी थकान थी, न केवल शरीर की, बल्कि आत्मा की भी।

बेटे ने दरवाज़ा खोला। उसके साथ वही उसका दोस्त था, जिसकी वजह से वह कहानी शुरू हुई थी, जिसकी मासूम दोस्ती में कोई लेन–देन नहीं था, बस एक साथ बैठना, हँसना, टिफ़िन बाँटना और कभी–कभार होमवर्क में मदद कर देना।

मैंने धीरे से उसका सिर सहलाया। उसने मेरी आँखों में झाँका, बड़ी गहराई से.... फिर एक सरल, लेकिन दिल को चीर देने वाला सवाल पूछा– ''अंकल, आप ठीक तो हैं न?''

कुछ क्षण के लिए मेरी आँखें वहीं अटक गईं, उस मासूम सवाल पर.... जैसे धीरे से पूछ रहा हो, ''क्या मेरे पापा का व्यवहार सही था?''

मैं चुप था, गुमसुम था.... बस कुर्सी पर बैठ गया, और सिर झुका लिया।

बच्चे बहुत कुछ नहीं जानते, पर जो जानते हैं, वो सचमुच जान जाते हैं। साकेत शायद मेरी चुप्पी, मेरी असहायता, मेरी चिंतित आँखें– सब पढ़ गया था वह।

उसी रात, जब मैं अपने कमरे में था, मैंने देखा मेरा बेटा पन्ने पर कुछ लिख रहा था। उसकी लिखावट छोटी थी, लेकिन भाव बड़े। धीरे–धीरे उसके चेहरे पर कुछ ठहराव आया। मैं जान नहीं पाया क्या लिखा, पर एक मौन संवाद मेरे और उसके बीच बह रहा था, जैसे वह भी उस पीड़ा को समझने लगा था जो कोई माँ–बाप सिर्फ 'मदद' करके झेलते हैं। उसने शायद अपने मित्र को पत्र लिखा हो.....

शायद उसी रात, या अगले दिन..... उस बच्चे ने अपने घर जाकर, अपने माता–पिता को सीधे नहीं, लेकिन सवालों की नोक पर टोका होगा, ''पापा, क्या उन अंकल से लिया गया पैसा हम भूल गए हैं.... क्या सिर्फ़ मजबूरी में माँगना सही होता है, और लौटाना

कोई ज़रूरी नहीं होता है?''.....शायद उसने विरोध नहीं किया होगा, पर आत्मा के तल से निकला सवाल, क्या माता–पिता को बेचैन न कर गया होगा....!

..... और फिर ठीक दो दिन बाद, दरवाज़े की घंटी बजी। वो दोनों, वही, माता और पिता सामने खड़े थे। चेहरे पर एक अजीब क़िस्म की हिचक और नम्रता थी।

बिना भूमिका बाँधे बोले– ''सर! ये लीजिए... बीस हज़ार रुपये, फिलहाल इतने ही सम्भव हो सके हैं.... बाक़ी भी जल्दी ही दे देंगे।''

मैंने कुछ नहीं कहा। उनके आने से ज्यादा, मेरे लिए यह जानना महत्वपूर्ण था कि एक बच्चा अब भी भीतर से जीवित है। उसकी मासूम आत्मा में अब भी विवेक की साँसें चल रही हैं।

निष्कर्ष यही निकला, हम भले ही अपने दायित्वों में उलझे हुए वयस्क हो जाएँ, पर यदि समाज को कभी सुधरना है, तो यह उन्हीं मासूम बच्चों से होगा, जिनकी नज़रें अब भी हमारे झूठ को पहचान लेती हैं और जिनका मौन भी हमारे विवेक को झकझोर सकता है।

मैंने उस दिन जाना कि हमने सिर्फ़ पैसे नहीं उधार दिए थे, हमने अपने बेटे के दोस्त पर विश्वास किया था..... और शायद वही विश्वास एक दिन लौट आया मासूमियत के हाथों में लिपटा हुआ।

❖❖❖

दुआओं की सीट

जुलाई की तपती दोपहरें इस वर्ष कुछ अधिक ही विकराल थीं। हवा की जगह धूप बहती थी और छाया भी जलती–सी लगती थी। मैं उन दिनों आरा से पटना प्रतिदिन अप–डाउन करता था। रेलवे की 'इंटरलॉकिंग व्यवस्था' के चलते गाड़ियाँ अक्सर निरस्त होतीं, ट्रैक पर लंबे ब्लॉक चलते और हम मुसाफ़िर या तो प्लेटफॉर्म की धूल में पड़े रहते या बसों के भरोसे भटकते।

उस दिन भी रेलगाड़ी की सूचना 'रद्द' के शोक–संदेश के साथ आई, और मैं पसीने में भीगा बस अड्डे की ओर चल पड़ा।

बस, अपनी आदत के मुताबिक़, देरी से आई, पर भरने में वक़्त नहीं लगाया। मैं जैसे–तैसे सीट पा सका, मगर भीड़ बढ़ती रही और धूप अपनी निर्दयता में स्थिर रही।

तभी एक वृद्धा बस में चढ़ीं.... उम्रदराज़, शालीन, चेहरा संयमित, किंतु पीड़ा से विकृत, उनके पाँव जैसे चीख रहे थे, लेकिन उन्होंने बस में प्रवेश कर लिया था। न कोई सीट, न कोई सहारा.. वह डगमगाती हुई एक डंडे का सहारा लेकर खड़ी हो गईं।

मैंने निगाहें फेर लीं.... नहीं, शायद मन के भीतर की शर्मिंदगी ने मुझे ऐसा करने पर मजबूर किया।

पर उसी क्षण, भीड़ के बीच से एक कोमल, लेकिन ठोस आवाज़ उभरी, "आ जाइए, मैडम जी.... आप यहाँ बैठ जाइए।"

एक दुबली–पतली, साँवली, उम्र में अधेड़–सी स्त्री ने अपनी सीट छोड़ दी थी। उसका पहनावा बता रहा था कि वह न तो किसी शहर की नौकरीपेशा थी, न ही पढ़ी–लिखी महिला। लेकिन उसके भीतर जो संस्कार थे, वे जैसे किसी तपस्विनी के हों।

वृद्धा बैठ गईं। उनके चेहरे पर जैसे किसी मसीहा का वरदान उतर आया था– "बहुत–बहुत धन्यवाद.... मेरी हालत वाकई बहुत ख़राब थी। भगवान आपको सुख दे, बेटी।"

वह स्त्री अब बस में खड़ी थी, और गर्मी उसके माथे से पसीने की धार बनकर बह रही थी। पर उसके चेहरे पर संतोष की झुर्रियाँ मुस्कान में खिल उठी थीं।

थोड़ी देर बाद बगल की सीट ख़ाली हुई। सभी की दृष्टि शायद उस सीट पर थी। लेकिन उस महिला ने किसी को देखा, एक औरत, जो गोद में बच्चा लिए लड़खड़ाती बस में किसी तरह टिकी हुई थी; वह तुरन्त आगे बढ़ी, उस माँ को सीट पर बिठा दिया।

थोड़ी ही देर में माँ–बच्चा उतर गए। सीट फिर ख़ाली हुई। मैं सोच रहा था, अब तो वह बैठ ही जाएगी.... लेकिन नहीं। बस में अब एक बूढ़ा, कृशकाय पुरुष चढ़ा, और उस स्त्री ने बिना विलंब किए उसे बैठा दिया।

तीन बार सीट मिली थी और तीनों बार वह उसे किसी और को सौंप चुकी थी। बस अब लगभग ख़ाली हो चुकी थी। थकान से बोझिल एक अध्यापिका ने उसकी ओर देखा, मुस्कुराई और अपने

पास बैठा लिया– ''तुमने हर बार सीट दूसरों को दी, ख़ुद खड़ी रही। ऐसा क्यों?''

वह स्त्री न हँसी, न रोई। बस गहराई से बोली– ''मैडम जी, मैं एक मज़दूर औरत हूँ। हाथ में पैसा नहीं, पर मन में कुछ करने का भाव है। मंदिर में दान नहीं कर पाती, ग़रीबों को खाना नहीं खिला पाती। पर रास्ते में कोई पत्थर दिखे तो हटा देती हूँ, कोई प्यासा मिले तो पानी पिला देती हूँ, कोई बस में परेशानी में हो तो अपनी जगह दे देती हूँ।''

इसके बाद थोड़ी देर रुक कर उसने जो कहा, वह मुझे भीतर तक झकझोर गया– ''जब कोई दुआ देता है न, तो मैं अपने–आपको अमीर समझती हूँ। घर से लाकर रोटी जब दोपहर में खाती हूँ, तो चिड़ियाँ आ जाती हैं.... मैं रोटी तोड़कर उन्हें डाल देती हूँ.... जब वे चुगती हैं, चहकती हैं, तब लगता है भगवान् ख़ुद मुझे देख कर मुस्कुरा रहे हैं.... क्या पैसा, क्या चीज़ें.... मैडम जी, ये सब हम साथ लेकर नहीं जाएँगे.... दुआएँ मिल जाएँ, बस वही मेरा ख़ज़ाना है।''

अध्यापिका अवाक थी।

मैं... शायद आत्मग्लानि से भर गया था। हम जो किताबों में नैतिकता पढ़ते हैं, मंचों पर आदर्शों की बात करते हैं, वह सब उस अनपढ़, साधारण महिला ने जी लिया था। गर्मी में पसीने की गंध के बीच, एक ठंडी हवाओं से भरी शिक्षा दे दी थी।

बस चलती रही... और मैं सोचता रहा.... सचमुच, कुछ लोग बस में नहीं, दिल में जगह बनाते हैं।

❖❖❖

जब जीवन पलकों से फिसलता लगा था

''पापा, प्लेन नीचे गिर रहा है.....!''

यह वाक्य अब भी मेरे कानों में गूंजता है, जैसे समय ने उसे अमर कर दिया हो।

यह 30,000 फीट की ऊँचाई पर नहीं, अब मेरी नींद की सतहों पर उतरता है। हर बार जब मैं आँखें मूँदता हूँ, वही झटका, वही गिरावट, वही डर, जैसे ईश्वर ख़ुद मेरी आत्मा को हिला देना चाहता हो।

छह दिन पहले.... पटना में सब कुछ उत्सवमय था। पोते की छठी और सतइसा की धूम.... रंग, रोशनी, रिश्ते। आँगन में मिठाइयों की सुगंध, बच्चे की किलकारी और दादी की आँखों में ठहरी आँसू भरी हँसी। हम सब थककर भी थके नहीं थे। नन्हें क़दमों की आहटें पूरे घर को मंत्रमुग्ध कर रही थीं।

फिर आया वापसी का दिन.... बंगलौर लौटना था। जहाज़ में बैठते ही मेरी पत्नी ने पूछा– ''कितना ऊँचा उड़ते हैं ये प्लेन?''

मैंने मुस्कुराकर कहा, ''ईश्वर की एक मंज़िल नीचे तक।''

आकाश स्वच्छ था। जहाज़ हौले–हौले हवा को चीरता हुआ बढ़ रहा था। पोता, बहू की गोद में दूध पीते–पीते सो चुका था। बेटा मोबाइल में कुछ पढ़ रहा था।

मैं खिड़की से झाँक रहा था.... न जाने क्यों, बादलों में उस दिन मुझे गहराई नहीं, ख़ौफ लग रहा था।

तभी, एक झटका! सब कुछ जैसे क्षणभर में उलट गया। हवा चुप हो गई, पर जहाज़ चीख़ उठा। मेरी पत्नी की उँगलियाँ मेरे हाथ से ऐसे चिपकीं, जैसे वे धरती माँ को थामना चाहती हों। एक बच्चा पीछे ज़ोर से चीख़ा– ''बाप रे! प्लेन गिर गया!''

किसी की चीख़ें नहीं निकलीं, किसी की प्रार्थना अधूरी रह गई। मेरे कानों में सिर्फ एक ध्वनि गूंज रही थी.... ''धप्प! धप्प! धप्प!''.... जैसे मेरी धड़कनें ज़मीन से टकरा रही हों। मैंने उस क्षण अपनी ज़िंदगी को ऊपर से नीचे आते देखा। मेरी आँखों के आगे वो रातें घूम गईं जब मैंने अपने बेटे को पहली बार गोद में लिया था। वह दिन भी, जब उसने बताया था कि वह पिता बनने वाला है। वो क्षण जब पोते की छठी की थाली सजाई गईं थी।.....

क्या सब यहीं तक था? ईश्वर ने फिर एक साँस दी और तभी मानो किसी शक्ति ने उस गिरते हुए प्लेन को दोनों हाथों से थाम लिया हो। जैसे कोई माँ अंतिम क्षण में अपनी गोदी फैलाकर अपने बच्चे को गिरने से बचा लेती है।

कैप्टन की घबराई आवाज आई– ''हमें तीव्र वायुगतिकीय दबाव का सामना करना पड़ा, नियंत्रण मिल चुका है।''

पर नहीं, नियंत्रण तो अब भी हमारे दिलों का नहीं लौटा था। हम साँस ले रहे थे, पर जीवित होने का यक़ीन हमें कई घंटों बाद हुआ।

बंगलौर.... लेकिन एक और जन्म के साथ जब पहिए ज़मीन से टकराए, तो मैं मुस्कुराया नहीं। मैंने बस आकाश की ओर देखा। एक मौन धन्यवाद किया उस शक्ति को, जो हमें पच्चीस मीटर नीचे गिरने के बाद भी थाम लाई।

पोता अभी भी सो रहा था जैसे वह जानता था कि उसके साथ ईश्वर की डोर बँधी है।

और मैं.....? .....मैं अब एक नया आदमी था, जिसने आसमान से गिरते हुए ज़िंदगी की असल ऊँचाई देखी थी। सोच रहा था, घर से निकलकर वापस सुरक्षित लौट आना ईश्वर का एक अद्‌भुत वरदान है।

सच....! प्लेन में चढ़ने के लिए पैसे चाहिए, पर क्या उतरने के लिए क़िस्मत......?

❖❖❖

आत्मकथात्मक त्रासदी

ट्रेजेडी और ट्रैवलॉग

जय सियाराम : स्मृति और साधना

दादाजी का कमरा हमारे लिए किसी गुरुकुल से कम न था।

सुबह का पहला उजाला अभी आकाश में झिलमिला ही रहा होता कि दादाजी बिस्तर हटा देते.... ''ब्रह्ममुहूर्त का पाठ, जीवन का आधार है।'' ......और उसी क्षण हम नींद से खींचकर व्याकरण की दुनिया में पहुँचा दिए जाते– अंग्रेज़ी ग्रामर और संस्कृत श्लोक.... नींद और हकलाहट से बोझिल हमारी ज़ुबान पर जैसे बोझ की ईंट रख दी जाती। लेकिन दादाजी का अनुशासन लोहे की छड़ की तरह अडिग था।

इसी बीच, कुछ सप्ताहों से एक अजीब–सा दृश्य हमारे बरामदे पर रोज़ प्रकट होने लगा था। एक वृद्ध, झुर्रियों से भरा चेहरा, बढ़ी लम्बी दाढ़ी, आँखों में थकान और आत्मा में पीड़ा लिए, 'जय सियाराम' की पुकार करता बाहर बरामदे पर बैठ जाता। हम लोग उसे कभी रोटी, कभी चावल–दाल, कभी सिक्के देकर लौटा देते। वह बदले में सिर झुकाकर आशीर्वाद देता, फिर मौन साधु की तरह चला जाता।

पर उस दिन..... जब हम प्रेसीज राइटिंग का अभ्यास कर रहे थे और दादाजी शायद कहीं गए थे, वहीं बैठे उस बूढ़े ने अचानक धीरे से टोका– ''बेटा, précis writing is not about cutting words, it is about cutting the fat and keeping the soul. Remember, essence must remain intact."

हम सब चौंककर उसे देखने लगे। एक भिखारी अंग्रेज़ी में, वह भी इतने सधे हुए अंदाज़ में! हमारे मुँह खुले रह गए।

हमने साहस बटोरा और पूछा, ''बाबा, आपको इतनी अच्छी अंग्रेज़ी कैसे आती है?"

वे मुस्कराए, ''बेटा, मैंने ज़िंदगी भर अंग्रेज़ी में ही काम–धाम किए हैं, नोट्स बनाए हैं। मैं रेलवे में एक अच्छे पद पर था, लेकिन नौकरी से बड़ी नौकरी होती है–नियति।''

हम अवाक थे। हमारे भीतर जैसे प्रश्नों का सैलाब उमड़ पड़ा। अम्मा भी वहीं थीं। उन्होंने पूछा, ''फिर आज आप यहाँ क्यों?''

उनकी आँखें धुंधली हो गईं– ''पत्नी चली गई। दो बेटे हैं, पर दोनों विदेश में। उनकी दुनिया अलग है, मेरी दुनिया अलग। मैं इस बरामदे तक सिमट आया हूँ। रोटियाँ अब दान से मिलती हैं और नींद थकान से।''

वह क्षण हमारे लिए जैसे समय का ठहर जाना था। हमारे भीतर अपराध–बोध था कि इतने दिनों से जिसे हम केवल भिखारी समझते रहे, वह वास्तव में एक पढ़ा–लिखा, ऊँचे पद पर रहा व्यक्ति था, जिसने कभी अपने हस्ताक्षरों से न जाने कितनी ज़िंदगियाँ बदल दी होंगी।

उसके बाद वे हमारे लिए मात्र 'भिखारी' नहीं रहे; हम उन्हें 'जय सियाराम' कहकर पुकारने लगे। वह हमें यदा–कदा अंग्रेज़ी में समझाते, संस्कृत की बारीकियाँ खोलते, और कभी–कभी रेल की कहानियाँ सुनाते।

जिस दिन वे नहीं आते, उस दिन हम सब कुछ ख़ालीपन–सा अनुभव करते। अम्मा बार–बार पूछतीं, ''जय सियाराम आज अभी तक नहीं आए?''

लेकिन नियति ने यहाँ भी देर नहीं की। एक सुबह वह आए, 'जय सियाराम' की पुकार दी, बरामदे में बैठे और आँखें मूँद लीं। फिर अकस्मात् उठकर और कहीं चले गए।

उस दिन शाम में, पुल के नीचे से लाइन क्रॉस कर स्टेशन होते हुए जब हम महावीर स्थान जा रहे थे तो देखा प्लेटफ़ॉर्म पर 'जय सियाराम'– वह वृद्ध, मृत पड़े हैं।

मैं स्तब्ध रह गया। यह वाकया जब घर पर सुनाया तो अम्मा एकदम भावुक हो गईं। दादाजी ने शांत, गंभीर स्वर में कहा, ''यह भी कोई साधना है, बउआ.... ज्ञान देकर, करुणा बाँटकर, और अपने होने की सार्थकता छोड़कर जीवन के अंतिम श्वास तक जीवित रहना। वे इसलिए यहाँ से उठकर चले गये, क्योंकि वे नहीं चाहते थे कि उनकी मृत्यु से घर वालों को किसी उलझन, किसी अशुभ बोझ का सामना करना पड़े।''

उन शब्दों ने हमारे भीतर एक गहरी ख़ामोशी छोड़ दी। बरामदे की ठंडी, थकी फर्श और सुबह की नमी– सब उनकी स्मृति से भीग उठे।

आज भी जब भोर की हवा खिड़की से भीतर आती है, तो लगता है कोई परिचित स्वर कानों में फुसफुसा रहा है.... **Beta, essence must remain intact...** और उसी क्षण, जैसे बरामदे से किसी अदृश्य पुकार की गूँज उठती है– ''जय सियाराम....''

हम सब अनायास ही भीतर से उत्तर देते हैं– ''जय सियाराम।''

और उस प्रतिध्वनि में, जीवन का सार, स्मृति का गीत और साधना का मौन– सब कुछ एकाकार हो जाता है।

❖❖❖

मथपटका : अद्‌भुत सेल्समैन

आम का मौसम हमारे ख़ानदान के लिए किसी चुनावी मौसम से कम न था; बस फ़र्क इतना कि यहाँ टिकट बाँटने की जगह आम बाँटे जाते थे। बचपन में हर साल दादाजी के साथ गाँव जाना किसी वार्षिक आम–सम्मेलन से कम न होता। छोटे दादाजी, उनके बच्चे यानी हमारे चाचाजी–फुआ, जो संयोगवश हमारी ही उम्र के थे– मिलकर 'आम–सभा' करते.... और हमारी टोली.... सब मिलकर ऐसे जुटती जैसे किसी बड़ी संसद की ग्रीष्मकालीन बैठक हो।

लेकिन छोटे दादाजी के जाने के बाद वह परंपरा जैसे टूट गई। रसदार लोकतंत्र पर स्थायी स्थगन लग गया और गाँव की वह आम–सभा समाप्त हो गई।

फिर बारी आई शहर की, जहाँ आमों की राजनीति में एंट्री हुई एक हॉकर की, जिसका नाम तो कुछ और रहा होगा, पर उसकी ब्रांडिंग सबके दिमाग में 'मथपटका' के नाम से दर्ज़ हो गई। कारण बड़ा सीधा था। वह आम बेचने के लिए अपना माथा पटकता था, और इतनी सच्चाई से पटकता था कि ज़मीन भी सोचती, ''अरे भाई, मैं क्या कसूरवार हूँ?''

वह भरी टोकरी आम लेकर आता और उसकी बिक्री–रणनीति इतनी उन्नत थी कि आज के एमबीए भी सीख लें– ''मालिक, घाटा हो गया....'' कहकर ज़मीन पर सर पटकता, 'धड़ाम–धड़ाम' की आवाज़ें गूंजतीं, और हम बच्चे सोचते कि यह आम नहीं बेच रहा, कोई आत्मकथा लिख रहा है.... ''मेरा जीवन, मेरा नुकसान।''

''ख़रीद लीजिए न! बेचारा कितना रो रहा है!'' और दादाजी का उत्तर होता– ''अरे, ये उसका रोज़ का नाटक है।'' तब हमें लगता कि दादाजी तो बस काठ के बने हैं।

बड़ों को वह अपने रोने–धोने से गुदगुदाता और हम बच्चों को इस तरह भावुक कर देता कि हमें दादाजी और बाबूजी पर गुस्सा आने लगता.... ये बड़े लोग इतने क्रूर क्यों हैं? बेचारे आमवाले को क्यों रुलाते हैं....?

उस समय हमें कहाँ पता था कि उसकी एक्टिंग इतनी ज़बरदस्त थी कि दिलीप कुमार भी शर्मिंदा हो जाएँ। हर बार वह टोकरी ख़ाली कर निकल जाता, और हम समझते कि हमने कोई सामाजिक सेवा कर दी। हमें कहाँ पता था कि मथपटका का 'घाटा' चुनावी घोषणापत्र जैसा था.... हर साल नया, हर साल स्थायी।

लेकिन इस नाटक का भी इंटरवल आया। एक दिन अचानक उसका आना बंद हो गया। गली सूनी लगने लगी। टोकरी ख़ाली, दिल ख़ाली। आम तो अब भी आते थे, पर उनमें वह मज़ा कहाँ....?

कुछ समय बाद ख़बर मिली, वह गुलज़ारबाग़ से ट्रेन में लटककर आते समय गिर पड़ा और वहीं उसका अंत हो गया। सुनकर पूरा घर चुप हो गया। यह वही आदमी था जो अपने घाटे पर हमें हँसा–हँसा कर रुलाता था। पर इस बार उसका घाटा सचमुच का था, जिसे पूरा करने कोई आगे नहीं आया।

आज सोचता हूँ तो लगता है, मथपटका ने हमें बिक्री का पहला पाठ पढ़ाया। वह जानता था कि ग्राहक को हँसा दो या रुला दो, टोकरी ख़ाली हो जाएगी। उसका बिजनेस मॉडल साफ था– "रोओ, और बेचो।" उसकी एक्टिंग में इतनी शक्ति थी कि अगर कभी राष्ट्रीय रोना प्रतियोगिता होती, तो वह बगैर प्रयास स्वर्णपदक ले आता।

उसकी टोकरी हर बार भरकर आती थी, लेकिन उसके जाने के बाद हमारी स्मृतियों की टोकरी हमेशा के लिए ख़ाली हो गई।

आज भी जब आम की ख़ुशबू आती है, हमें मथपटका का 'धड़ाम' सुनाई देता है..... वह आवाज़, जो हमारे बचपन का हिस्सा थी....।

❖❖❖

आस्था और यात्रा-संस्मरण

केदार–बद्री की ओर.... एक आत्मिक यात्रा

कुछ यात्राएँ समाप्त नहीं होतीं, वे अपने अंतिम पड़ाव पर पहुँचकर एक नवीन आरंभ बन जाती हैं। आज, जब मैं केदारनाथ और बद्रीनाथ की प्रत्यक्षता से लौटकर फिर अपने लेखन की मेज़ पर बैठा हूँ, तो यह यात्रा केवल स्मृतियों की शृंखला नहीं लगती, यह एक तप्त अनुभूति है; एक ऐसा क्षण, जो जीवन की स्थूलता से उठकर सूक्ष्मतम आत्मिक अनुभवों में विलीन हो गया है। वह बर्फ़ से ढकी चोटी, वह मंदाकिनी की कल–कल, वह तुलसी की माला बेचती वृद्धा, वह छोटे से शिवालय में बजता घंटा– सब कुछ, अब केवल बाहर घटित नहीं होता, भीतर भी गूंजता है। यह यात्रा अब एक वृत्तांत भर नहीं रही, यह मेरा निज कथा–गाथा बन चुकी है। और शायद यही कारण है कि अब जब आगे की पंक्तियाँ लिखने बैठ रहा हूँ, तो लगता है जैसे कलम नहीं चल रही, कोई भीतर से बोल रहा है, लिखवा रहा है।....

अब वह क्षण आने वाला है, जब मैं आपको उन ऊँचाइयों पर ले चलूँगा जहाँ हवा पतली है, पर अनुभूति प्रगाढ़; जहाँ पग थकते हैं, पर आत्मा नृत्य करती है; जहाँ देवभूमि की चुप्पी, स्वयं

ईश्वर का भाष्य बन जाती है। प्रस्थान तो पहले ही हो चुका था.... अब लेखनी भी यात्रा पर निकल रही है।

अनसुनी पुकार

मैंने कभी नहीं सोचा था कि प्रतीक्षा भी एक साधना होती है– एक लंबी, गहन और तप्त साधना। जीवन की भागदौड़ में जहाँ सब कुछ तुरंत पाने की आदत–सी बन जाती है, वहीं कुछ इच्छाएँ ऐसी भी होती हैं जिन्हें समय स्वयं पालता है.... और प्रभु के द्वार की यात्रा उन्हीं में से एक रही। मैं नहीं जानता था कि मेरी यह यात्रा कथा बन जाएगी। पर अब जब मैं लिख रहा हूँ, तब प्रतीत होता है, मानो यह यात्रा तो बहुत पहले ही प्रारंभ हो चुकी थी, उस दिन जब मैंने पहली बार अपने हृदय में उस अनसुनी पुकार को सुना था।

आओ... चलो मेरे द्वार, मैं प्रतीक्षारत हूँ

किसी मंदिर की घंटी नहीं थी वह। न कोई भजन, न कोई प्रवचन। बस, एक अंतर्ध्वनि थी, जैसे आत्मा ने स्वयं को पुकारा हो।

अधूरी सीढ़ियाँ (1999)

वर्ष 1999 का वसंत अपनी संपूर्ण उजास लेकर आया था। जीवन की राह उस समय एक सहज प्रवाह में थी– नौकरी, परिवार, और एक स्थिरता, जिसकी कल्पना हर गृहस्थ करता है। तभी मन ने पहली बार गंभीरता से कहा– ''चलो, अब केदार–बद्री की ओर चलें।'' सभी आवश्यक तैयारियाँ पूरी थीं। टिकटें कटा दी गईं, होटल बुक हो गए, टैक्सी तय हो गई, और मन में एक उल्लास का पलाश खिल उठा था। प्रतीक्षा केवल उस दिन की थी जब हम यात्रा प्रारंभ करेंगे।

ऋषिकेश पहुँचना मेरे लिए केवल एक भौगोलिक पड़ाव नहीं था, यह मानो प्रथम चरण था उस अलौकिक पुकार की ओर, जो वर्षों से भीतर दबे किसी संकल्प की तरह पल रही थी। हम ऋषिकेश पहुँचे, गंगा के दर्शन किए और लगा जैसे कोई अदृश्य करुणा हमारे साथ हो। पर उसी शाम जैसे सब कुछ थम गया।

मेरा छोटा बेटा नीशु, जो उस समय केवल सात माह का था, अचानक तेज़ बुखार और एक अनकही पीड़ा से काँपने लगा। उसका चेहरा पीला पड़ गया, शरीर ज्वर में तपने लगा। घबराए हुए हम शांतिकुंज के अस्पताल पहुँचे। डॉक्टर ने चिंता भरे स्वर में कहा कि तुरंत देखभाल की ज़रूरत है, आप कहीं जा नहीं सकते।....

मैं स्तब्ध रह गया। केदार की ओर उठे पाँव एकदम रुक गए। यात्रा स्थगित करनी पड़ी। और उस रात मैं अकेला गंगा किनारे बैठा रहा। चंद्रमा की हल्की रौशनी में जल की सतह पर एक अजीब–सी शांति पसरी थी, पर भीतर एक प्रश्न ज्वलंत था– ''क्या प्रभु ने स्वयं रोका है....?''

उसी शांतिकुंज के एकांत में हमने नौ दिन बिताए.... बेटे की देखभाल करते हुए, मौन साधते हुए। आश्रम के वातावरण में कुछ ऐसा था जो मन को उलझने नहीं देता था.... बस बहने देता था, किसी अदृश्य नियति की धारा में....।

उन्हीं दिनों एक विलक्षण घटना घटित हुई– ऐसी, जिसे शब्दों में बाँधना सरल नहीं। एक दिन जब बेटे की तबीयत थोड़ी सुधरी, मैं अकेले ही आश्रम की ओर निकल पड़ा। मन में यह आकांक्षा थी कि शायद शैल दीदी के दर्शन हो जाएँ। आश्रम परिसर लोगों से खचाखच भरा था। भीड़ की भीड़ उमड़ी थी, और मुझे लगा आज संभव नहीं होगा। मैं लौट आया।

अगली सुबह, जब मैं निःस्पृह–सा आश्रम परिसर में टहल रहा था, एक अपरिचित व्यक्ति ने मेरे कंधे पर हल्का–सा हाथ रखा।

लगभग 45–50 वर्ष की उम्र, शांत मुखमंडल, गहन नेत्र। उन्होंने स्नेहपूर्वक पूछा, "क्या माता जी के दर्शन करने हैं? कल क्यों लौट आए?" मैं अचंभित रह गया। उन्हें कैसे पता चला?

मैंने कुछ नहीं कहा। मेरी चुप्पी ही मेरी स्वीकृति बन गई। वे मुस्कराए, बोले, "कल सुबह सात बजे आ जाइए, पत्नी और बच्चों के साथ।" .....न नाम पूछा, न परिचय दिया। और मैं भी कुछ जानने की चेष्टा नहीं कर सका.... बस उनके आश्वासन में कोई दिव्यता थी, जिसने मन को बाँध लिया।

अगले दिन हम समय पर पहुँचे। आश्रम की भीड़ पहले से भी अधिक थी। पर वही व्यक्ति जैसे हमारी प्रतीक्षा कर रहे हों, वहीं मिल गए। इशारे से हमें प्रथम तल की ओर ले चले।

शैल दीदी एक सिंहासन पर विराजमान थीं– गंभीर, शांत, और तेजस्वी। उनके समीप जाना किसी वरदान से कम नहीं था। मैंने पूरे भाव से दंडवत प्रणाम् किया। मेरी पत्नी, मेरा बड़ा पुत्र साकेत और मेरी गोद में बैठा निशु– तीनों पर माता जी ने एक स्नेहिल दृष्टि डाली, आशीर्वाद का हाथ रखा।

उसी क्षण वही व्यक्ति, न जाने कब, मेरे हाथ से कैमरा ले गए और एक सपरिवार चित्र खींच लाए। कैमरा लौटाकर वे चुपचाप भीड़ में विलीन हो गए। हम उन्हें फिर कभी नहीं देख सके। पर वह चित्र आज भी हमारे घर के पूजाघर में रखा है। जैसे उस क्षण का कोई अमिट प्रमाण हो, कोई निशानी कि कभी हमें भी प्रभु ने चुना था– देखने, अनुभव करने और प्रतीक्षा करने के लिए।

प्रलय का द्वार (2013)

समय बीतता रहा। 2013 में जब फिर मन ने पुकारा, इस बार मैंने दृढ़ता दिखाई। अबकी बार कोई चूक नहीं होनी चाहिए। सब तैयार

था। लेकिन यात्रा से दो दिन पहले जो समाचार आया, उससे मेरा रोम–रोम काँप उठा....

केदारनाथ की भयावह बाढ़.... लोगों की चीख़ें... बहती हुई झोपड़ियाँ... लुप्त हो चुका मंदिर–मार्ग....

मैं हतप्रभ रह गया। सोचता रहा कि अगर मैं पहुँच गया होता तो.....? क्या यह प्रभु की करुणा नहीं कि दो दिन पहले ही रोक दिया....? उस दिन मैंने स्वीकार किया कि यात्रा सिर्फ पैरों की नहीं होती, कभी–कभी आत्मा की भी अनुमति लेनी होती है।

सजधज और स्थगन (2024)

फिर भी आशा मरी नहीं थी। 2024 में मित्रों के संग नया उत्साह उमड़ा। इस बार सब कुछ भव्य था– हवाई यात्रा, होटल, ट्रैवल एजेंसी, भोजन की व्यवस्था और हृदय में विश्वास....।

लेकिन ठीक एक दिन पूर्व.... फिर वही। उत्तराखंड में भारी भूस्खलन, मार्ग बंद, चेतावनियाँ जारी.... फिर एक बार स्थगन....।

इस बार मैं रोया नहीं। मैंने मौन स्वीकार कर लिया.... ''ठीक है प्रभु, जब बुलाओगे, चल पड़ेंगे....''

अकेले नहीं, एकाकी (2025)

और अब वर्ष 2025.....

इस बार न कोई टोली है, न तामझाम। न कोई फोटो, न सोशल मीडिया पोस्ट। सिर्फ मैं और मेरी धर्मपत्नी.... वर्षों की प्रतीक्षा लिए, वर्षों का समर्पण लिए चल पड़े हैं प्रभु के द्वार की ओर।

हमने ठहरने की जगह चुन ली है, टैक्सी की बुकिंग हो गई है। लेकिन सबसे बड़ी बात हृदय ने 'हाँ' कर दी है। यह अब एक पर्यटन नहीं, आत्मान्वेषण है। यह अब एक योजना नहीं, एक विनती है।

युद्ध के साये में विश्वास की यात्रा

समय हमेशा साथ नहीं देता। कभी–कभी वह परीक्षा लेता है और वह भी तब, जब हम सबसे अधिक समर्पण से तैयार हों। वर्ष 2025 के मई का पहला सप्ताह..... देश की सीमाएँ धधक रही थीं। पाकिस्तान से तनाव चरम पर था। ऑपरेशन सिंदूर के समाचार हर चैनल पर गूंज रहे थे। घर–परिवार में चिंता थी, मित्रों में संशय। कुछ ने कहा, ''रुक जाइए, समय अनुकूल नहीं है।'' कुछ ने सलाह दी, ''कुछ सप्ताह बाद चले जाइए, अब तो युद्ध ही होगा....''

परंतु मैंने मन ही मन निर्णय ले लिया था कि ''यदि यह यात्रा अब स्थगित की, तो यह केवल योजना की हार नहीं होगी, यह मेरी आस्था की भी पराजय होगी।''

हवाई टिकट पहले ही ले रखा था.... रिफंडेबल, ताकि विकल्प बना रहे; परंतु जैसे ही समाचार आया कि युद्ध स्थगित है और सीमाएँ नियंत्रण में हैं, मैंने उस टिकट को प्रभु को समर्पित कर दिया।

अब यात्रा रेल मार्ग से ही करनी है– वही मार्ग, जो भारत की मिट्टी को भीतर से महसूस कराता है। पटना से तेजस एक्सप्रेस में आरक्षण हो चुका था। यह कोई सामान्य ट्रेन यात्रा नहीं, यह एक श्रवण–काव्य, एक तपस्वी की साधना का मार्ग....

प्रथम चरण : पटना से दिल्ली

वहाँ भइया के घर एक दिन रुकूँगा। वर्षों से जिनसे केवल फोन पर बात होती रही, अब उनके सान्निध्य में यात्रा की थकान भी विश्राम पाएगी और आत्मबल भी।

फिर आगे.... दिल्ली से ऋषिकेश, गुप्तकाशी, और फिर वह अंतिम चढ़ाई.... हैली यात्रा.... केदारनाथ धाम की।

मैं नहीं जानता आगे क्या होगा। हिमालय की वादियाँ क्या छिपाए हैं, मौसम कैसा रहेगा, शरीर साथ देगा या नहीं... पर इतना जानता हूँ..... बुलावा आ चुका है, हम अभी निकले नहीं हैं, बस प्रस्थान के क्षण आने ही वाले हैं। मैं जानता हूँ, यह यात्रा आसान नहीं होगी। हवा पतली होगी, साँसें थकेंगी; पर हृदय की धड़कनों में वो पुकार अब भी उतनी ही स्पष्ट है.... ''अबकी बार बुला लो प्रभु..... अब और प्रतीक्षा नहीं होती....'' यदि यात्रा अधूरी रह गई, तो शायद यह कथा वहीं रुक जाएगी; पर अगर पूर्ण हुई, तो यह कथा एक आत्मा की वापसी बन जाएगी.... अपने मूल स्रोत की ओर।

बुलावा आ चुका है..... और इस बार मैं चल पड़ा हूँ।

हरिद्वार से हरि–मार्ग तक

राजधानी एक्सप्रेस की वह रात्रि–यात्रा जैसे कोई अंतरंग संवाद हो। मैं खिड़की के पास बैठा रहा, बाहर अंधकार की चादर में छिपी हुई ज़मीन पर आँखें टिकाए। पटना पीछे छूट रहा था और हर मोड़, हर स्टेशन के साथ बीते वर्षों की स्मृतियाँ धुँधलाने लगीं।

सुबह जब दिल्ली पहुँचा, भइया घर, 'सोवियर'– पर प्रतीक्षारत थे– उसी आत्मीयता, उसी हँसी के साथ, उनका स्वागत् स्नेहिल था। वहाँ पहुँचते ही जैसे वर्षों की थकान उतर गई हो। दौड़कर भइया बाज़ार से मेरे लिए गर्म कचौड़ियाँ और जलेबी ले आए। वे जानते थे कि मुझे मीठा अत्यधिक पसंद है। नाश्ते को देख मैंने मुस्कराकर कहा, ''भइया! अब लगता है, यात्रा आरंभ हो चुकी है।''

भइया अपने साथ बाज़ार भी ले गए। मॉल से खाने–पीने का सब कुछ ख़ुद अपनी निगरानी में दिलवाया ताकि पहाड़ पर खाने की परेशानी न हो। बार–बार उन्होंने पूछा, ''इस बार रुक तो

नहीं जाओगे ना?'' मैंने बस मुस्कुरा कर कहा, ''इस बार केवल पाँव ही नहीं चले हैं, भीतर से भी कोई चल पड़ा है।''

हरिद्वार की प्रथम भेंट (17 मई, 2025)

17 मई की सुबह दिल्ली से शताब्दी एक्सप्रेस पकड़ी। वातानुकूलित कोच में सफ़र सहज था, पर हृदय में एक कोलाहल– जैसे कोई भीतर गा रहा हो, ''अब सचमुच वह भूमि आ रही है, जहाँ वर्षों से बुलावा था।''

हरिद्वार स्टेशन पर उतरते ही एक शीतल हवा ने मेरा स्वागत् किया। गंगा की प्रथम गंध और साथ ही टूरिस्ट एजेंसी का चालक मनोज स्विफ़्ट डिज़ायर के साथ आ गया था। ऋषिकेश होटल पहुँच कर हमने स्वयं को थोड़ा विश्राम दिया, नहाया और फिर निकल पड़े हरिद्वार दर्शन को।

'हर की पौड़ी' पर स्नान करते समय जल का स्पर्श जैसे मन के भीतर की हर शंका, हर असमंजस को बहा ले गया। वर्षों पहले वहीं किनारे बैठ कर मैं असहाय भाव से गंगा को देख रहा था, जब पुत्र बीमार था.... और आज, वही मैं, उसी गंगा में आत्मविश्वास के साथ उतर रहा हूँ, अपने भाग्य को समर्पित करता हुआ।

एक ही टिकट पर रोपवे द्वारा माँ मनसा देवी और माँ चंडी देवी (माता काली) के दर्शन करने थे, पर इस बार माँ चंडी देवी का दर्शन संभव हुआ। माँ मनसा देवी का दर्शन पहले भी कर चुका था। पर्वतों पर ऊपर चढ़ते हुए, हवा में झूलते केबिन से नीचे हरिद्वार का विहंगम दृश्य जैसे एक स्वप्न हो। माँ के दर्शन के समय, हमने बस आँखें मूँद लीं.... कुछ कहा नहीं, केवल अनुभव किया.... और वह अनुभव शब्दों से परे था.....।

आगे की तैयारी और आत्मिक ध्वनि

रात्रि में होटल की बालकनी से गंगा को निहारते हुए मैंने फिर वही स्वर सुना.... अब और पास आओ... मैं यहीं हूँ, उसी धूप, उस बर्फ़, उस मौन में जो तुम्हारी प्रतीक्षा कर रहा है....

अगले दिन की सुबह हमें सिरसी, हिमालय हैली पैड की ओर प्रस्थान करना था। अब यात्रा का वह चरण आरंभ होने वाला था, जहाँ साधारण पर्यटन समाप्त होता है और असाधारण अनुभवों की शुरुआत होती है। मैं जानता था, अगला पड़ाव कठिन है। पर मैं अब उस यात्रा का यात्री नहीं, उसका साक्षी बनने जा रहा था।

विघ्न, संकल्प और स्वीकारोक्ति

उस सुबह मैं सिरसी के लिए रवाना हुआ। मन में तीव्र उत्कंठा थी कि आज केदारनाथ के दर्शन होंगे। मौसम तब तक साथ था, और आशा की डोर मज़बूती से थामी हुई थी। परंतु दोपहर होते–होते वह डोर ढीली पड़ने लगी। हेलीपैड पर इंतज़ार करते–करते दोपहर कब शाम में ढलने लगी, पता ही नहीं चला। हर बीतता पल उम्मीद के धागे को थोड़ा और पतला करता जा रहा था। मैं वहाँ अकेला नहीं था, सैकड़ों लोग थे, सभी की आँखों में एक ही प्रतीक्षा, एक ही चिंता, और एक ही प्रश्न– क्या आज दर्शन होंगे....?

हर कुछ मिनट पर कोई अधिकारी आता। आवाज़ में कृत्रिम विश्वास भरकर कहता– ''मौसम साफ़ नहीं है, अभी थोड़ा इंतज़ार कीजिए....'' यह 'थोड़ा' शब्द धीरे–धीरे त्रासद होता गया, जैसे समय ने ठिठक कर हमें परीक्षा में बिठा दिया हो।

आकाश पर काले बादल घिर आए थे, और धरती पर अधैर्य। कुछ लोग फोन पर किसी से लड़ रहे थे, कुछ लोग थके–हारे

चुपचाप बैठे थे। मैं भी अब बस उसी ध्वनि की प्रतीक्षा कर रहा था, हेलीकॉप्टर की गूंज, जो कभी नहीं आई।

और फिर, एक ठंडी साँस की तरह घोषणा हुई– ''मौसम ख़राब होने के कारण आज की सभी उड़ानें रद्द की जाती हैं।''

क्षण भर को कुछ भी सुनाई नहीं दिया। जैसे किसी ने भीतर बजती सभी घंटियों को एक साथ रोक दिया हो। मैं वहीं बैठ गया। न आगे की दिशा स्पष्ट थी, न पीछे लौटने की इच्छा। मोबाइल नेटवर्क लगभग ठप्प था। होटल सारे सीज़न के कारण फुल थे। केदारनाथ में जो बुकिंग महीनों पहले करवाई थी, अब वह भी धरी की धरी रह गई थी, 'नो शो' की श्रेणी में चली गई। भीतर एक थकान नहीं, एक असहमति थी।

क्या यही अंत है? क्या ये सब संकेत हैं कि लौट चलो? क्या यह बुलावा झूठा था?

उस क्षण मन दो भागों में बँट गया था। एक भाग कह रहा था, ''अब छोड़ो.... ये यात्रा अब बाधा बन चुकी है।'' .....दूसरा भाग चुप था, पर भीतर कहीं गूंज रही थी एक पुकार, ''इतनी दूर आकर लौट जाना अधूरी कहानी होगी।''

इसी उहापोह में मेरे ड्राइवर मनोज– उसकी मुस्कान अब तक स्मृति में है– मेरे पास आकर शांत स्वर में बोला, ''सर, भगवान् ने अब तक बुलाया है, तो दर्शन भी करवाएँगे। घबराइए मत, यहीं कहीं एक होटल दिला देता हूँ। आप कल तड़के तीन बजे गौरीकुंड से घोड़े पर निकलिए। देर ज़रूर हुई है, पर दर्शन नहीं टले हैं।''

उसके उस एक वाक्य ने जैसे मुझे फिर से खड़ा कर दिया। जैसे किसी डगमगाते दीपक की बाती को किसी ने फिर से हाथों का सुरक्षा–कवच देकर जला दिया हो।

अंधेरे में उठता संकल्प और घोड़े की पीठ पर तीर्थ

सुबह नहीं थी.... वह तो रात का तीसरा पहर था, जब समूची घाटी अपने स्वप्नों में लिपटी थी, मैं उन पथरीली गलियों में चुपचाप खड़ा था– गौरीकुंड में।

मद्धिम रौशनी में सब कुछ अस्पष्ट.... दुकानों की शटरें बंद थीं, नदियों की कलकल भी किसी मौन अनुशासन में बंधी प्रतीत होती थी। बस एक दृश्य था जो स्पष्ट था– मेरे भीतर की उलझन। क्या मैं इस यात्रा के लिए तैयार था? क्या मैं सचमुच 'बुलाए गए' तीर्थ यात्रियों में था?

ठंड हड्डियों तक समा रही थी, पर उससे अधिक तीखी वह आशंका थी, जो मन में चुपचाप कह रही थी– ''अब भी लौट सकते हो।''

तभी उस मौन में एक आवाज़ आई– ''साहब, चलिए.... केदारनाथ दूर नहीं है, बस ऊपर है।''

वह घोड़ेवाला था– छोटा–सा, गठीला शरीर, कंधे पर जैकेट टाँगे, आँखों में अडिग विश्वास लिए खड़ा था। उसके पास कोई दर्शनशास्त्र नहीं था, कोई पुराणों का ज्ञान नहीं; पर उसकी एक मुस्कान ने मुझे संकल्प का मंत्र दे दिया। घोड़े पर चढ़ते ही पहली बार शरीर को यात्रा का भार महसूस हुआ। मेरे पैरों ने ज़मीन को छोड़ा और मन ने भी वह धरातल छोड़ दिया, जिस पर लौटने की इच्छा बची रह गई थी।

पहाड़ी पगडंडियाँ संकरी, खड़ी, फिसलन भरी थीं, और एकदम चुप। धुंध ने रास्ते छिपा दिए थे, और हवा ने संवाद। सिर्फ़ घोड़े की टाप सुनाई देती थी, और कभी–कभी उसके हाँफने की आवाज़, जैसे वह भी पूछ रहा हो, ''क्यों आए हो यहाँ?''

हर कुछ दूरी पर कोई तीखी चढ़ाई, कोई अंधा मोड़, कोई पत्थर की चुप्पी मुझे परखती प्रतीत होती। कभी मेरी पीठ अकड़

जाती, कभी हाथ ठंड से सुन्न हो जाते; पर एक अदृश्य शक्ति थी, जो हर बार मेरी रीढ़ सीधा कर देती, जैसे कहती, ''धैर्य रखो, ये यात्रा केवल ऊपर नहीं, भीतर भी हो रही है।''

कुछ यात्री पैदल आगे बढ़ रहे थे, उनकी चाल थकी थी, लेकिन आँखों में एक ज़िद थी। एक वृद्धा पास से गुज़री। पैरों में टूटी चप्पलें थीं, लेकिन ओठों पर 'हर हर महादेव' की गूंज। मैं उस क्षण झुक जाना चाहता था उस आस्था के आगे, उस जिजीविषा के आगे।.....

घोड़े की पीठ पर बैठे–बैठे मैं सोच रहा था– शिव तक पहुँचने का कोई एक मार्ग नहीं, कोई एक रूप नहीं। यह यात्रा भले ही बाहर से केदारनाथ की ओर हो, पर भीतर से यह उस मौन के पास जा रही थी, जहाँ प्रश्न नहीं टिकते, केवल समर्पण बचता है।

केदारनाथ : पत्थरों के बीच धड़कता एक हृदय

दिन के ठीक बारह बजे जब सूर्यदेव की किरणें बर्फ़ीली चोटियों पर उतरते–उतरते मृदु हो गई थीं, मैंने उसे देखा। हाँ, उसे, जिसे अब तक 'मंदिर' कहा जाता रहा था, पर जो उस क्षण मंदिर नहीं, माधुर्य का मूर्तिमान हृदय बन गया– बर्फ़ से घिरी पर्वत–श्रृंखलाओं के बीच, भूरे पत्थरों से बनी वह आकृति....

सीधी, सरल, संक्षिप्त.... पर उसकी गंभीरता में एक ऐसा गूढ़ आमंत्रण था, जिसे शब्दों में नहीं पिरोया जा सकता। उसके ठीक सामने खड़ा हुआ तो पैर काँप उठे, थकान से नहीं, श्रद्धा से। जिस शरीर ने अब तक सैकड़ों मोड़, अनगिन सीढ़ियाँ, और फिसलन भरी चढ़ाइयाँ झेली थीं, वह अब स्वयं को अर्पित कर देना चाहता था।

मैं वहीं रुक गया। ना कोई तस्वीर खींची, ना कोई मोबाइल निकाला। बस नज़रें टिक गईं उस पर, जैसे वह कोई दृश्य नहीं, बल्कि उत्तर हो। वह उत्तर.... मेरे भीतर उठते प्रश्नों का, उन अधूरे

संकल्पों का, उन तमाम असमंजसों का जो हेलीकॉप्टर रद्द होने के साथ फड़फड़ाने लगे थे.... चारों ओर भीड़ थी.... पुजारियों की पुकारें, घंटियों की टुनकार, श्रद्धालुओं की भींगी आँखें.... पर समय जैसे थम गया था।

मैं अब भीतर से शांत था, जैसे कोई कहं रहा हो, ''इतना सरल नहीं था यहाँ पहुँचना....''

लेकिन अब जो मिला है, वह केवल 'दर्शन' नहीं, यह तो 'दया' है। उस क्षण मुझे लगा, केदारनाथ पत्थरों से बना एक ढाँचा नहीं, बल्कि उन सभी का संग्रथित अनुभव है, जो वहाँ तक पहुँचे हैं, थके हैं, लड़े हैं, गिरे हैं.... और फिर उठे हैं। उसके शिखर पर लहराता त्रिशूल किसी विजय की घोषणा नहीं कर रहा था, बल्कि कह रहा था, ''जो आया है, वह अब लौटकर पहले जैसा नहीं जाएगा।''

मैं वहाँ देर तक नहीं रहा, लेकिन जो भीतर उतर गया, वह अब जीवन भर के लिए ठहर गया है।

वह क्षण जो कालातीत था

केदारनाथ धाम के भीतर प्रवेश करते ही जैसे बाहर की सारी ध्वनियाँ मौन हो गईं। भीड़ थी, बहुत थी; पर वह कोई हाट–बाज़ार नहीं था; वह कोई तीर्थस्थल नहीं, एक जीवंत स्पंदन था, जहाँ हर श्रद्धालु का सिर झुकता नहीं, बल्कि उसकी अहम् की अंतिम साँस टूटती है। मैं कतार में खड़ा था, पर भीतर से कहीं बैठा हुआ महसूस कर रहा था.... बैठा हुआ, अपने ही भीतर।

प्रभु के सम्मुख पहुँचा। प्रभु का चमकता हुआ रूप देख हृदय एक अजीब–सी अनुभूति से काँप उठा। कोई मंत्र नहीं बोले गए मुझसे, कोई व्रत नहीं याद आया.... बस एक भारी–सी चुप्पी गूंजने लगी..... ''मैं आ गया हूँ, प्रभु। जैसा हूँ, वैसा आ गया हूँ।'' वो क्षण

बहुत छोटा था.... शायद दस सेकेंड, शायद उससे भी कम.... लेकिन उसमें समय का कोई माप नहीं था.... वो क्षण... कालातीत था।

मैंने आँखें बंद कीं.... मन में कई प्रश्न थे, जिनके उत्तर चाहिए थे.... जीवन की दिशा, कर्म का भार, संबंधों की उलझनें, अपने भीतर की रिक्तता.... पर जब आँखें खोलीं, कोई उत्तर नहीं मिला..... और तब समझ में आया, उत्तर की आवश्यकता नहीं रही थी। उत्तर वहीं सामने खड़े थे– शिव की प्रतिमा में, हिम की चुप्पी में, मेरे भीतर के मौन में, और मेरी यात्रा की थकावट में....।

जब बाहर निकला तो आकाश में हल्की धूप थी। बर्फ़ अब भी चोटियों पर चमक रही थी, लेकिन अब वह दूर नहीं लग रही थी, वह भीतर तक उतर चुकी थी। वह क्षण बीत गया, पर वह भीतर कहीं अचल होकर बैठ गया।

अब मैं यात्रा पूरी कर चुका था। केवल पगडंडियों की नहीं, एक संघर्षशील मन से स्वीकारकर्ता आत्मा तक की....।

प्रत्यावर्तन : भीतर लौट आया एक यात्री

तीर्थ की परिभाषा मैंने शब्दकोशों में पढ़ी थी, जहाँ मन शुद्ध हो, वही तीर्थ है; लेकिन केदारनाथ से लौटते समय पहली बार मैंने उस परिभाषा को जिया। जीवन में बहुत यात्राएँ की थीं– रेल की, वायु की, सड़क की.... पर यह पहली यात्रा थी जो लौटते हुए और अधिक दूर तक साथ चल रही थी.... गुप्तकाशी की उन्हीं सड़कों पर वापस लौटते हुए, होटलों की चहल–पहल और तीर्थ–दुकानों के बीच, एक गहरी शांति साथ चल रही थी जो न क्रय की जा सकती थी, न वर्णन।

मैं वही व्यक्ति था– वैसे ही वस्त्र, वही आवाज़, वही शरीर;

पर भीतर कुछ बदल गया था..... एक गांठ खुल गई थी। अब जीवन की समस्याएँ समाप्त नहीं हुई थीं, पर अब वे पहाड़ नहीं लग रही थीं। अब भी राहें कठिन थीं पर उनके साथ चलने का विश्वास था।

प्रभु ने मुझे कोई वचन नहीं दिया, कोई चमत्कार नहीं हुआ, पर जो मिला वह सब कुछ से अधिक था.... एक स्वीकृति....स्वीकृति कि मैं जैसा हूँ, वैसा ही उस दरबार में स्वीकार्य हूँ। स्वीकृति कि असफलताएँ भी प्रसाद हो सकती हैं, और प्रतीक्षा भी तप है।

अब मैं घर लौट रहा था, पर भीतर कोई घर बस चुका था। एक ऐसा घर, जहाँ धूप भी शांत लगती है और बारिश भी। अब तीर्थ कोई स्थान नहीं रहा, वह एक स्थिति बन गया था, भीतर का एक मुकाम।

बद्रीनाथ की राह : विष्णु के आँगन की ओर

केदारनाथ से लौटते हुए मन में एक विचित्र शांति थी– न शाब्दिक, न तर्कसंगत.... वह बस थी.... जैसे कोई ऋषि मौन साधना के बाद अपनी ही श्वासों में विलीन हो गया हो। पर इस मौन के भीतर एक और निमंत्रण था "अब आओ, विष्णु की करुणा में विश्राम करो।"

गुप्तकाशी से आगे की सड़क पर जब गाड़ी बढ़ी, तो हर मोड़ जैसे एक नया भाव खोल रहा था। सड़कें अब वैसी खड़ी और भयावह नहीं थीं, पर उनमें एक रहस्यमय गहराई थी, जैसे शिव की काठी से उतरकर अब मैं नारायण की चौखट की ओर बढ़ रहा हूँ। फाटा, चोपता, कर्णप्रयाग, नंदप्रयाग.... इन छोटे–छोटे नगरों में जो ठहराव था, वह अद्‌भुत था, जैसे ये सारे पड़ाव जीवन के वे क्षण हों। जो ज़ोर से नहीं बोलते, पर हमेशा याद रह जाते हैं। अलकनंदा साथ चल रही थी, कभी बाँकपन में, कभी गंभीरता में। उसका जल जैसे किसी पुराने ऋषि की आँखों से बह रहा हो, जिसे बहुत कुछ कहना है, पर वह सिर्फ बहकर ही कह सकता है।

जोशीमठ पहुँचते–पहुँचते तीन बज गये। शिव से जुड़ी उस सघन ऊर्जा के बाद यहाँ कुछ और था, एक विराम, एक मीठा मौन, एक संतुलन।

जोशीमठ से बद्रीनाथ की ओर बढ़ते ही प्रकृति जैसे स्वयं सज–सँवरकर खड़ी हो गई थी। सड़कों के किनारे ब्रह्मकमल की प्रतीक्षा में मुस्काते फूल, नारद कुंड से उठती भाप, और माणा गाँव की ओर इशारा करतीं शिखरें– सारा दृश्य जैसे किसी दिव्य आख्यान का आरंभ हो। बर्फ़ की छाया अब दूर से दिखने लगी थी। पर यह बर्फ़ भय की प्रतीक नहीं थी, यह शुद्धि की चादर थी, जिसमें समर्पण लिपटा हुआ था।

तप्तकुंड, अग्निस्नान और आत्मशुद्धि की चुप्पी

सूर्यास्त हो चुका था। हवा में ठंड की किरकिराहट आने लगी थी, शिव की गहन गंभीरता के बाद यह विष्णु की सहज करुणा की देहरी थी, पर उस करुणा तक पहुँचने से पहले था– तप्तकुण्ड। पहाड़ की गोद में उगता एक उबलता स्रोत, जहाँ जल नहीं, तप है, जैसे स्वयं अग्निदेव ने विष्णु के द्वार की चौखट पर अपने अशांत हृदय को उंडेल दिया हो।

मैं धीरे–धीरे सीढ़ियाँ उतर रहा था। चारों ओर से धुंए की बूँदों–सी भाप उठ रही थी, और उनके बीच नहाते हुए तीर्थयात्री मानो अपने–अपने जीवन के पाप नहीं, पीड़ाएँ धो रहे थे। कुण्ड के निकट पहुंचते ही एक अद्भुत अनुभव हुआ, जैसे भीतर का सारा अविश्वास, संशय, ग्लानि और थकावट उस भाप में मिलकर हवा हो गई हो।

पाँव जल में डाला तो शरीर सिहर गया, पर आत्मा जैसे तपने लगी। मैं उस जल में बैठा नहीं, विलीन हुआ। एक–एक छींटे

के साथ जैसे पलकों पर जमी इच्छाओं की धूल उतरती गई। वहाँ कोई मंत्र नहीं था, कोई आरती नहीं; पर हर बूँद में एक मौन था, जो कहता था ''अब शेष कुछ नहीं.... अब शुद्ध हो तुम।''

लंबी कतार में एक प्रतीक्षा : दर्शन के पहले का तप

तप्तकुण्ड से बाहर आया तो बद्रीनाथ मंदिर की कतार पहाड़ की कड़ी रेखा जैसी दिखने लगी थी– सीधी, शांत, पर अनगिन आरतियों से भरी। कतार में खड़े होकर अनुभव हुआ, प्रभु के दर्शन से अधिक कठिन है, उनके लिए प्रतीक्षा करना।

पैरों में थकान और आँखों में हर ओर से उठती टकटकी.... सभी की दृष्टि जैसे एक ही दिशा में बँधी थी। बूढ़ी अम्माएँ, बच्चों को गोदी में लिए माता–पिता, श्वास रोगी, घुटनों में बँधी पट्टियों वाले वृद्ध.... और उनके बीच मैं..... न जाने कितनी चुप्पियों से ढका एक यात्री। कतार आगे बढ़ती थी पर समय जैसे ठहर जाता था। एक–एक पग पर एक सवाल भीतर उभरता, ''क्या मैं योग्य हूँ? क्या यह मेरा समय है?''

पर्वतीय हवाएँ अब बद्री विशाल के निकट पहुँचने का संकेत दे रही थीं। मंदिर का शिखर जैसे श्वासों से ऊँचा उठ रहा था, जैसे कोई अदृश्य गर्जना कह रही हो, 'जो भी आया है, ख़ाली नहीं लौटेगा।'

मैंने देखा, कतार में खड़ा हर व्यक्ति एक प्रतीक बन गया था– कोई श्रद्धा का, कोई भक्ति, कोई पछतावा, तो कोई उम्मीद का, और मैं....?

मैं सिर्फ प्रतीक्षा था, साक्षात् दर्शन की, पर उससे भी पहले, उस करुणा की, जो इंतज़ार की परीक्षा भी प्रेम से लेती है।

दर्शन : जब प्रतिमा नहीं, करुणा बोलती है

कतार अब मंदिर के भीतर प्रवेश कर चुकी थी। पत्थरों की सीढ़ियाँ, लोहे की रेलिंग, और ऊपर ऊँचाई से झाँकता वह शिखर, जैसे स्वयं विष्णु ने अपने श्रीचरणों को हिमालय में गाड़ दिया हो।

भीतर की गूंज धीरे–धीरे तेज़ हो रही थी– 'नारायण नारायण, बद्री विशाल की जय'.... हर उच्चारण जैसे भीतर के किसी गुप्त द्वार को खोलता जाता।

मैं अब गर्भगृह के द्वार पर था। सामने दीपमालाओं का उजास और ठीक मध्य में शालिग्राम शिला पर आसीन, चतुर्भुज बद्रीनारायण। वह कोई प्रतिमा नहीं थी, वह कोई 'मूर्ति' नहीं थी, वह तो जैसे प्रेम का जमाव था, जो सदियों से ठंडे पर्वतों की गोद में तपकर भक्त के हृदय में उतरने को तैयार था। मेरे होंठों ने कुछ नहीं कहा, पर मेरी आँखों ने कहा, ''धन्य हूँ, प्रभु.... कि इस अशांत जीवन में कुछ क्षण ऐसे मिले जहाँ आत्मा को शरण मिली।''

उस क्षण समय नहीं था, केवल आरती थी, गंध थी, प्रकाश था.... और मेरे भीतर एक लहर, जो कभी किसी शास्त्र में नहीं पढ़ा था, पर आज अनुभव कर रहा था। यह दर्शन नहीं था, यह स्पर्श था। यह विनय नहीं था, यह विलीनता थी। जैसे मैं, अपनी समूची असमर्थता लेकर, उस विराट करुणा के आगे शून्य हो गया। उस दर्शन के पश्चात, मंदिर के पिछवाड़े एक पत्थर पर बैठा रहा..... कहीं कुछ नहीं बोलना चाहता था। केवल देखना चाहता था, उन्हीं दीपों को, उन्हीं जड़ों को, उन्हीं शिखरों को, जिन्होंने इस यात्रा को दूरी से निकटता, और कष्ट से कृपा बना दिया।..... और अंततः बद्रीनाथ के प्रथम दर्शन हुए। एक तीव्र कंपन भीतर उठा, वह कोई साधारण मंदिर नहीं था। जो दिखा, वह एक द्वार था, एक ऐसा द्वार जहाँ आत्मा की यात्रा बाहर से भीतर में बदल जाती है। वहाँ खड़ा होकर आँखें भर आईं..... न किसी विशेष दृश्य के कारण, न किसी कथा

के प्रभाव से..... बस इसलिए कि वहाँ खड़े होना, जैसे अपने भीतर स्वयं से मिलने जैसा था।

माणा : जहाँ भारत की साँसें रुक–सी जाती हैं

दर्शन के बाद, मन थमा नहीं..... वह अब और भीतर जाना चाहता था और हिमालय की गोद में, बद्रीनाथ से कुछ ही दूर वह गाँव था– माणा।.... भारत का प्रथम गाँव....

यह वाक्य सुनते ही कुछ अजीब–सा कंपन भीतर उठा, जैसे कोई कह रहा हो, ''यह प्रथम या अंतिम नहीं, आदि है।''

पथरीली सँकरी राहें, देवदार की गंध से भीगा आकाश, और हर चेहरे पर एक मौन विरासत....

माणा, कोई साधारण बस्ती नहीं, बल्कि एक जीवित ग्रंथ है। सरस्वती, जो लुप्त हो गई, पर मौन में बहती रही। थोड़ा आगे बढ़े तो एक पत्थर से टकराता एक अदृश्य, किंतु गर्जन करता जलप्रवाह मिला– सरस्वती नदी। यह वही थी, जिसके बारे में हमने ग्रंथों में पढ़ा था, जिसे विज्ञान ने खो दिया, पर भक्ति ने सँजो लिया। पत्थरों से टकराकर जो उसका नाद था, वह जल का नहीं, ज्ञान का झरना था। उस छोटी–सी जलधारा को देखकर लगा, ''कभी–कभी सबसे मौन चीजें, सबसे ऊँचा बोलती हैं।''

मैंने झुककर प्रणाम किया.... और सरस्वती के शोर में मानो वेदों का स्वर सुनाई देने लगा.... ''ऋचाएँ नहीं गाई जा रहीं, वे बह रही हैं।''

भीम पुल और व्यास गुफा– श्रम, कथा और समर्पण की शिला.... थोड़ी और चढ़ाई के बाद, एक विशाल शिला मिली, जिसे 'भीम पुल' कहा जाता है। कहते हैं, पांडव स्वर्गारोहण के पथ पर थे और द्रौपदी इस नदी को पार नहीं कर पा रही थीं, तब भीम ने

एक पत्थर उठाकर सरस्वती पर रख दिया। वह पत्थर आज भी वहाँ है..... ठोस, चुप, पर करुणा की कथा कहता हुआ।

और उससे थोड़ा ऊपर.... वह गुफा, जहाँ महर्षि व्यास ने वेदों का संकलन किया था, जहाँ ज्ञान ने स्वयं को शब्द दिया था। गुफा के भीतर घुसते ही तापमान गिर गया, पर भीतर कुछ था जो तप रहा था मानो उस गुफा में अभी भी शब्दों की अग्नि जल रही हो।

मैं वहाँ कुछ क्षण बैठ गया। साँसों की गति थमने लगी। कोई श्लोक नहीं पढ़ा, बस आँखें बंद कीं और एक अनादि मौन भीतर उतर गया।

''यहाँ से भारत प्रारम्भ होता है''– एक शिलालेख, एक प्रतीक्षा। गाँव के अंतिम छोर पर एक शिलालेख मिला– ''भारत का प्रथम गांव''।

मैं उसे देर तक देखता रहा। भीतर से कोई कह रहा था, यह उस भारत का आरंभ है जो ना नक्शे में है, ना शब्दों में... केवल आत्मा में है। माणा से लौटते हुए पग भारी थे, पर ह्रदय जैसे हल्का, मुक्त और शांत। वहाँ मैंने जाना कि यात्रा के सबसे सुंदर पड़ाव वे होते हैं जहाँ हम कुछ देखने नहीं, स्वयं से मिलने जाते हैं।

लौटते हुए : जब पीछे छूटता नहीं... कुछ भी

यात्रा पूरी हो चुकी थी। दर्शन भी, दया भी, दर्पण भी। अब मैं लौट रहा था। पग पहाड़ से नीचे उतर रहे थे, पर मन अब भी शिखर पर ही अटका हुआ था। गाड़ी की खिड़की से हिमालय की चोटियाँ धीरे–धीरे धुँधलाने लगी थीं जैसे कोई प्रियजन विदा के क्षण में धीरे–धीरे आँखों से ओझल होता है, लेकिन दिल से नहीं।

मैं चुप था.... ना कोई बात, ना कोई आवाज़। मन के भीतर एक कोलाहल था, जैसे हज़ारों प्रश्न एक ही उत्तर बनकर उभर रहे हों, "मैं इतनी कठिन यात्रा कैसे कर पाया?"

उत्तर भी भीतर से आया– "तुमने नहीं किया.... वह करवाया गया।"

पीपल कोठी : रात्रि का वह ठहराव

रास्ते में पीपल कोठी में रात्रि–विश्राम हुआ। एक छोटी–सी ढलान पर बना होटल, जिसकी बालकनी से चंद्रमा भी मानो मेरे मन की थकान को पढ़ रहा था। रात्रि के उस सन्नाटे में मैं खिड़की के पास बैठा, ऊपर आकाश को देख रहा था और भीतर कोई स्मृति हिलोरें मार रही थी। आँखें बंद कीं तो बद्रीनाथ का गर्भगृह चमका, सरस्वती की गर्जना सुनाई दी, और फिर धीरे–धीरे वह घोड़े की पीठ, गौरीकुंड की ठिठुरती सुबह, हेलीपैड की निराशा, ड्राइवर की मुस्कान– सब एक के बाद एक जैसे मन की रील पर चलने लगे।

उस रात्रि–विश्राम में नींद नहीं थी, एक विराम था। प्रातः का प्रस्थान.... पर वास्तव में कहाँ से? सुबह हुई। गाड़ी पुनः आगे बढ़ी। रास्ते में अब वो उत्साह नहीं था जो आरंभ में था, अब एक गंभीर शांति थी। हर मोड़ पर लगता, "यह पहाड़ अब मेरा नहीं रहा?" पर भीतर से कोई कहता, "यह अब हमेशा तुम्हारा रहेगा।"

आज जब यात्रा समाप्त कर लौट रहा हूँ, तो भीतर कहीं कोई अपरिभाषित–सी कसक है, जैसे किसी अलक्षित संबंध से बिछड़ रहा हूँ, जैसे कोई संकल्प अधूरा छूट गया हो, या कोई मौन संवाद अब भी जारी हो मन के अंतःस्थल में.... वर्षों से संचित कोई अभिलाषा जैसे पूर्ण होकर भी अपूर्ण रह गई हो। इन पर्वतों, इन पगडंडियों, इन हवाओं ने जैसे कुछ कह दिया हो, पर मैं अब भी उनके उत्तर का बोझ लिए लौट रहा हूँ अपने गंतव्य की ओर.... शहरी कोलाहल,

दैनिक जीवन, ज़िम्मेदारियों की वही पुरानी चक्की। लेकिन कुछ बदल चुका था, मैं अब वैसा नहीं था जैसा गया था। मेरे भीतर एक दृष्टि जुड़ गई थी, एक धीरज, एक साक्षात्कार।

किन्तु, उस कसक में एक मीठी–सी सांत्वना घुल गई है– भैया के संग बिताए जानेवाले वे आगामी तीन दिन। सोवयर, क्रोस्सिंग रिपब्लिक की शीतल साँझों में, हम दोनों भाई एक ही बिस्तर पर लेटेंगे, जैसे समय उल्टा बह चला हो। कहीं कोई बात नहीं कहनी होगी, बस चुपचाप लेटे–लेटे, छत के कोने में घूमते पंखे की धुरी से, हम दोनों अपनी–अपनी स्मृतियाँ साझा करेंगे।

शायद हम हँसेंगे भी.... बचपन की कोई बात निकल आएगी, लेकिन उस हँसी के पीछे भी कुछ बूँदें होंगी, जो केवल हमदोनों ही पहचान सकेंगे, क्योंकि वही तो हैं उन वर्षों के मौन साक्षी। आज जब लौट रहा हूँ, तो यात्रा के थके क़दमों में एक अजीब–सी ऊर्जा है, क्योंकि जानता हूँ , यह विराम नहीं, एक और यात्रा की शुरुआत है, जहाँ मंज़िल भले कोई न हो, पर साथ.... भैया का होगा।

क्या सच में यात्रा समाप्त होती है? जब घर निकट आया, तो एक अजीब–सी अनुभूति हुई, मानो शरीर लौटा है, पर आत्मा अभी भी पीछे कहीं बैठी है, किसी गुफा में, किसी मोड़ पर, किसी पत्थर पर.... मेरे साथ लौटी केवल थकान नहीं थी, मेरे साथ लौटी थी कृपा, जो अब मेरी दिनचर्या का हिस्सा बन जानी थी।

यह यात्रा समाप्त नहीं हुई..... यह यात्रा अब भीतर शुरू हुई थी।....

❖❖❖

आस्था की डुबकी

जब–जब टीवी और अख़बारों में प्रयागराज कुम्भ के दृश्य उभरते, साधु–संतों के जमावड़े, गंगा–जमुना की अविरल धाराएं और उस अलौकिक संगम की कथा सुनाई देती, ह्रदय में एक अद्भुत आकांक्षा अंगड़ाई लेने लगती। लगता, जैसे सृष्टि का केंद्र वहीं है जहाँ गंगा, यमुना और अदृश्य सरस्वती एक हो जाती हैं, और समूचा जनसमूह साधु–संत, गृहस्थ, बालक, वृद्ध, स्त्रियाँ– सब किसी अलौकिक सत्ता में एकाकार हो रहे हैं। मन बार–बार कहता, चलो, एक बार उस पुण्यभूमि में डुबकी लगा ही लो.... परंतु जैसे ही भीड़ की कल्पना आती, साहस की डोर ढीली पड़ जाती। असंख्य लोगों की भीड़, पैदल यात्रा, असुविधाएँ, रात्रि–विश्राम की अनिश्चितता– यह सब सोचकर इच्छा ठिठक जाती। अकेले जाने का साहस भी नहीं होता था और इस तरह प्रयत्न की लौ हर बार बुझ जाती।

इसी बीच, मकर संक्रांति के पश्चात् मेरे ही घर में रहने वाला दुर्गा मिला। सहज बातचीत में उसने बताया कि वह अपनी धर्मपत्नी और क्रमशः सात एवं साढ़े तीन वर्ष के दो बच्चों के साथ

कुम्भ स्नान कर आया है। उसकी सरल वाणी में जो आस्था थी, वह मेरे मन में एक चिंगारी–सी छोड़ गई। भीषण दुर्घटना में कई टुकड़ों में टूटा उसका पैर मुश्किल से ठीक हो पाया था, फिर भी उसके आत्मविश्वास और श्रद्धा ने मुझे भीतर तक झकझोर दिया। प्रश्न उठा, जब वह इतनी कठिन परिस्थिति में, दो छोटे बच्चों के साथ, सहजता से कुम्भ स्नान कर आया, तो मैं क्यों नहीं?

दुर्गा की आस्था मेरे लिए उत्प्रेरक बन गई। उसी क्षण एक मौन निर्णय मन में आकार लेने लगा, मैं जाऊँगा, अवश्य जाऊँगा; यह डुबकी केवल शरीर की नहीं, आत्मा की है।

ऐसे निर्णयों में एक संगति आवश्यक होती है। मैंने अपने मित्र प्रेम जी को यह कथा सुनाई और उन्हें यात्रा हेतु प्रेरित किया। सौभाग्यवश, वे और उनकी धर्मपत्नी मोना दोनों ही आस्थावान् हैं और सहर्ष तैयार भी हो गए।

'साधा तो नाधा'– आधा कार्य तो वहीं पूर्ण मान लिया। किंतु शेष आधा अब परीक्षा का था। समाचारों के अनुसार, एक दिन में लगभग एक करोड़ श्रद्धालु संगम में स्नान कर रहे थे। व्यवस्थाएँ निस्संदेह प्रशंसनीय थीं, पर भीड़ के अनुपात में चुनौतीपूर्ण भी।

मैं प्रयागराज में किसी होटल या लॉज की खोज में लग गया, पर कोई स्थान रिक्त नहीं था। जो विकल्प उपलब्ध थे, वे या तो बहुत दूर थे या अत्यधिक महँगे। उसी समय समाचार मिलने लगा कि संगम तक पहुँचने के लिए दस किलोमीटर पैदल चलना पड़ता है। यह सूचना फिर से मन को विचलित करने लगी।

इसी उधेड़बुन के बीच, अचानक डॉ. श्वेता का फोन आया। उसने बताया कि वह कुम्भ से लौट रही है और प्रसाद लेकर आ रही है। मैंने यात्रा और ठहराव के विषय में विस्तार से पूछताछ की। उसके अनुभवों में जहाँ उत्साह था, वहीं कुछ कठिनाइयाँ भी झलक रही थीं। उसने बताया कि उसे एक बाबा जी के आश्रम में ठहरने

का स्थान मिला था और वह मेरे लिए भी वहाँ व्यवस्था कराने का प्रयास करेगी।

संध्या होते–होते श्वेता का पुनः फोन आया कि बाबा जी से बात हो गई है, आप पहुँच जाइए, कुछ न कुछ व्यवस्था हो जाएगी।. .... यह कोई औपचारिक आरक्षण नहीं था, पर एक आशा अवश्य बन गई थी।

आस्था अब संकल्प में बदल चुकी थी। तय हुआ कि यात्रा प्रेम जी क़ी पत्नी मोना की छुट्टियों के अनुसार होगी, क्योंकि अगले सप्ताह से बोर्ड क़ी परीक्षा प्रारम्भ होने वाली थी। सो 15 फ़रवरी का कार्यक्रम तय हुआ। हमने एक टैक्सी किराए पर ली और प्रातःबेला में, गंगाजल–सी निर्मल आशाओं को लेकर, प्रेम जी और मैं, दोनों सपत्नीक, प्रयागराज कुम्भ स्नान के लिए निकल पड़े।

सड़क पर ठंडी हवा थी, भीतर मन में लहराता विश्वास। यह यात्रा केवल एक स्थल की नहीं थी, यह यात्रा थी आत्मा की, श्रद्धा की, और उस अदृश्य पुकार की जो गंगा की लहरों में प्रतिध्वनित हो रही थी। गंगा की ओर बढ़ते हमारे क़दमों के मध्य अनगिनत बाधाएँ थीं। रास्ते में जगह–जगह जाम था, मानो सम्पूर्ण विश्व कुम्भ के निमंत्रण पर निकला हो। जैसे–जैसे प्रयागराज निकट आता गया, हृदय की गति तीव्र होती गई, पर वाहन की गति मंद, विलंबित।

शहर की सीमा तक हम अपेक्षाकृत सहज पहुँच गए, किंतु वहाँ से आगे बढ़ पाना... बस, वहीं से हमारी धैर्य की परीक्षा आरम्भ हुई। चार घंटे हम रेंगते रहे.... धूप, धूल और धैर्य के मध्य। अंततः जब प्रयागराज के भीतर प्रवेश कर पाए, तो एक नई चुनौती सामने थी– घाट तक पहुँचना। शहर के प्रवेश बिंदुओं पर पुलिस की वैरिकेडिंग इतनी सख़्त थी कि बाहरी वाहन संगम तक जा ही नहीं सकते थे। सड़कें श्रद्धा से भरी थीं, पर रास्ता कहीं नहीं। हम थक

चुके थे– तन से भी, मन से भी। अब केवल एक ही इच्छा थी, बाबा से मिलें, एक कुटिया मिले और कुछ क्षण विश्राम के मिलें।

इसी व्यग्रता में, हमारी दृष्टि एक किशोर पर पड़ी जो किराए की मोटरसाइकिल से यात्रियों को घाट तक पहुँचा रहा था। प्रेम जी ने उसे रोका और निवेदन किया कि किसी भी तरह हमारी कार को संगम के निकट पहुँचा दे। वह पहले झिझका, क़ानूनी डर और भीड़ की घबराहट से। पर जब मैंने उसे विश्वास दिलाया और उचित पारिश्रमिक का आश्वासन दिया, वह मान गया। किसी संकरी गली, किसी कच्चे रास्ते, तो कहीं पीछे के रस्तों से होते हुए... अंततः रात लगभग 11 बजे हम उस स्थल पर पहुँच ही गए, जहाँ बाबा जी ठहरे थे।

बाबा जी से मिलना एक अलग अनुभव था। वे संत नहीं, एक स्थिर आस्था का प्रतीक लगे। उन्होंने हमें देखा, मुस्कुराए और कुटिया की ओर इशारा किया– ''वहीं विश्राम करिए, गाड़ी भी यहीं पर लगा दीजिये.... उषाकाल में संगम–स्नान के लिए निकल जाइएगा।''

कुटिया में किसी तरह थोड़ा आराम मिला, पर भीतर–भीतर मन जाग्रत था। उषाकाल.... भोर की पहली किरण को धरती पर पाँव रखने में विलम्ब था कि संगम की ओर श्रद्धालुओं की नदी बहने लगी। हम भी उसी धारा में समाहित हो गए।.....

घाट पर पहुँचते ही एक अनिर्वचनीय शांति का अनुभव हुआ, मानो वर्षों का संचित संशय गंगा की लहरों में बह गया हो। ठंडी हवा, मंत्रोच्चार, घंटियों की ध्वनि और गंगा की लहरों में लिपटी आत्मीयता...

हमने डुबकी लगाई, एक नहीं, तीन बार– गंगा, यमुना और सरस्वती के नाम पर। प्रेम जी ने तो ग्यारह डुबकियां लगाईं।

जैसे–जैसे शरीर जल में समाता, वैसे–वैसे हृदय हल्का होता जाता। भीड़ थी, पर वहाँ एक आत्मीय व्यवस्था थी, जैसे हर कोई अपने आप में एकांत में हो।

कुम्भ का वह स्नान केवल शरीर की शुद्धि नहीं था, वह जीवन के बोझों से एक मुक्ति थी। एक क्षण में सब कुछ पीछे छूट गया..... शहर, जाम, थकान, कुटिया, बाबा.... रह गई बस शुद्ध आस्था और गंगा की धारा।

स्नान के पश्चात्, हम त्रिवेणी से विदा लेकर लौटने लगे। तन हल्का था, मन शांत। वापसी में प्रेम जी ने आग्रहपूर्वक एक सुंदर लॉज में भोजन की व्यवस्था की। वहाँ का भोजन इतना स्वादिष्ट था, मानो वही प्रसाद हो.... कढ़ी, चावल, रोटी, मिक्स सब्ज़ी– और ऊपर से कड़क चाय!

हमने तृप्त होकर खाया। प्रेम जी की पत्नी मोना मुस्कुराकर बोलीं, ''भोजन भी तभी स्वाद देता है जब मन निर्मल हो, और आज तो गंगा ने सब कुछ धो डाला।''

इसके बाद फिर से जाम में फँसे, किंतु अब वह संघर्ष नहीं लगा। वाहन धीरे–धीरे आगे बढ़ रहा था और हम भीतर ही भीतर उस अनुभव को संजो रहे थे जो शब्दों से परे था। रात्रि बारह बजे हम घर पहुँचे। थकान थी, पर संतोष कहीं अधिक गहरा।

आज भी जब वह दिन स्मृति में आता है, तो लगता है कि हम नहीं गए थे कुम्भ, कुम्भ स्वयं हमें बुला लाया था।

❖❖❖

एक टिकट पर दो खेल

बाबूजी के जाने के पश्चात् ऐसा लगा मानो जीवन की छांव ही छिन गई हो। एकाएक ऐसा महसूस हुआ जैसे कंधों पर उत्तरदायित्वों का पहाड़ टूट पड़ा हो– बिलकुल अप्रत्याशित, असह्य और अपरिभाष्य।

भैया शुरू से ही बोकारो में कार्यरत थे और छोटा भाई ज्ञानेश, अपने सपनों की ओर दौड़ता, मुंबई में। घर में यदि कोई स्थायी उपस्थिति थी, तो वह मेरी थी। पटना में रहकर, बाबूजी के सान्निध्य को सहजता में जीते हुए। यद्यपि मेरी नौकरी आरा में थी, परंतु मेरा मन और मेरा जीवन पटना में ही अटका था। रोज़मर्रा के छोटे–बड़े निर्णय, डॉक्टर से अपॉइंटमेंट, बैंक के काम, बिजली का बिल– हर छोटी बड़ी ज़िम्मेदारी, अनकहे रूप में बाबूजी ही निभाते रहे। यहाँ तक कि जब मैं स्वयं बीमार पड़ता, तब भी यही विश्वास होता था.... अब बाबूजी संभाल लेंगे।

लेकिन एक दिन वह विश्वास, वह आधार, वह अदृश्य सुरक्षा–कवच अचानक ओझल हो गया।

बाबूजी के जाने के कुछ ही समय बाद मैं बीमार पड़ गया। यह कोई साधारण जुकाम–बुख़ार नहीं था। मन में भय बैठ गया था, और शरीर शिथिल होता चला गया। डॉक्टरों की सलाह पर इंज़ियोग्राफी करानी आवश्यक थी, परंतु पटना में तब यह तकनीक बिल्कुल नई थी, न तो भरोसेमंद, न ही किफ़ायती। ऐसे में मन में एक विचित्र–सा विचार उपजा, क्यों न इस बीमारी को एक यात्रा का बहाना बना दिया जाए? क्यों न इलाज को एक तीर्थयात्रा में रूपांतरित किया जाए? रामेश्वरम् की तीर्थ–इच्छा अम्मा की आँखों में कबसे ठहरी थी। सोचा, यदि सब कुछ ठीक रहा तो एक साथ दक्षिण भारत की यात्रा भी हो जाएगी और वापसी में वेल्लोर में जांच भी– एक टिकट पर दो खेल!

तैयारी शुरू हुई। पटना से हावड़ा और फिर वहाँ से कन्याकुमारी तक का ए. सी. कूपे का टिकट लिया। मन में इलाज का भय था, पर साथ ही एक सूक्ष्म आशा भी, शायद यह यात्रा ही मुझे संबल दे दे, शायद यह तीर्थ ही मेरे भय को हर ले।

बाबूजी की स्मृति साथ थी, हर पड़ाव पर, हर साँस के साथ। ट्रेन की खिड़की से बहते दृश्य में भी.... यह केवल एक चिकित्सा–यात्रा नहीं थी... यह अपने भीतर लौटने की यात्रा थी। एक उत्तरदायित्वपूर्ण पुत्र बनने की यात्रा... बाबूजी के साए से निकलकर उनकी जगह खड़े होने की पहली कोशिश।

कन्याकुमारी स्टेशन पर जब ट्रेन ने अंतिम साँस ली, रेल का पहिया थमता है, और एक लहरदार हवा मन के भीतर उतरती चली जाती है। यह कन्याकुमारी है, भारत की अंतिम भूमि, जहाँ तीन समुद्र मिलते हैं– और साथ ही मिलती हैं अनेक अंतःतरंगें– शरीर, मन और आत्मा।

ट्रेन से उतरते ही एक अद्भुत आभा का अनुभव हुआ। अम्मा की आँखों में असीम श्रद्धा थी.... वे चुप थीं, पर उनकी मौन प्रार्थना स्पष्ट सुनाई दे रही थी.... और हम, अम्मा, नीलू, साकेत और नीशु एक मौन उत्साह में भीगते हुए, सीधे सागर–तट की ओर बढ़ चले। कुछ ही दूर पर वह दृश्य था, जो वर्षों से स्मृति में था, पर अब आंखों के सम्मुख सजीव था। तट से कुछ ही दूर सागर के वक्ष पर स्थित वह छोटा–सा द्वीप, जहाँ भारतमाता की आत्मा ने कभी विवेकानंद के रूप में तप किया था। वही 'विवेकानंद शिला स्मारक'– जहाँ समर्पण, साधना और स्वप्न की त्रयी चट्टानों पर अमिट हो गई थी।

सागर के किनारे जेटी पर पहुँचे, तो लहरें हमें अपने स्वर से आमंत्रित कर रही थीं। प्रतीक्षालय में भीड़ थी, पर उस भीड़ में भी एक अपूर्व शांति थी, जैसे सब कोई मौन श्रद्धांजलि अर्पित करने आए हों।

फेरी के टिकट के रूप में हमने बीस–बीस रुपये दिए, पर सच पूछिए तो वह मूल्य नहीं था, वह एक न्यूनतम समर्पण था उस महान् स्मृति को छूने का। कुछ ही समय में हम फेरी पर सवार थे। नाव जैसे ही लहरों पर थिरकने लगी, एक अद्भुत निस्तब्धता मन में उतर आई। पीछे तट छूट रहा था, और सामने एक चट्टानी स्वप्न आकार ले रहा था। नीलू ने धीरे से कहा, ''वह शिला... क्या वही है जहाँ स्वामीजी को आत्मज्ञान की अनुभूति हुई थी?'' मैंने मौन में सिर हिलाया। सचमुच, यही तो वह भूमि थी जहाँ उन्होंने तीन दिनों तक ध्यानस्थ होकर भारत के भविष्य की कल्पना की थी। वे लहरें जो उनके चरणों को छूती रहीं, आज हमें छूने आ रही थीं, जैसे कोई भूला हुआ आशीर्वाद लौट आया हो।

फेरी जब द्वीप के किनारे लगा, तब आकाश में बादलों का एक हल्का घूंघट था, और सूरज उस पार से झाँकता–सा प्रतीत

होता था। हम शिला पर पग रख रहे थे, पर मन में लग रहा था, यह केवल पत्थर नहीं, यह आत्मा का आधार है; यह केवल एक स्थल नहीं, यह विचारों की जन्मभूमि है। दूर–दूर तक फैला समुद्र दिखता था। लहरें ऐसे आतीं, जैसे कोई पुराना मित्र मिलने आया हो, और हर बार लौटते हुए कोई संदेश छोड़ जाता हो.... स्थिर रहो, सब ठीक हो जाएगा।....

सूर्य अस्त हो रहा था। यह केवल एक प्राकृतिक दृश्य नहीं था, यह किसी दिव्य कला का अंतिम ब्रश–स्ट्रोक था.... लालिमा, गहराती छायाएँ, और उस सबके बीच एक स्त्री की मूर्ति, सागर में अविचल खड़ी..... विवेकानंद शिला के निकट.... देवी कन्या कुमारी। मैंने ध्यान से देखा, तो लगा जैसे वो प्रतीक्षा कर रही हो... किसी अज्ञात की, किसी वचन की... जैसे मेरी ही तरह वह भी जीवन की किसी इंज़ियोग्राफी से गुज़र रही हो..... भीतर कुछ टूटा हुआ, और बाहर पूर्ण–सी प्रतीत होती।....

अम्मा ने हाथ जोड़ लिए। मैं भी उनके बगल में चुप खड़ा रहा। न कोई शब्द था, न कोई संकल्प। बस एक मौन स्वीकार.... कि अब जीवन को स्वयं जीना है... स्वयं संभालना है। इसी शाम हमें तिरुचिरापल्ली के लिए निकलना था– श्रीरंगम मंदिर, एक और तीर्थ, एक और अनुभव।.....

कन्याकुमारी की लहरों में डूबा मन अभी थमा भी नहीं था कि हम अगले पड़ाव की ओर निकल पड़े– 'तिरुचिरापल्ली!' दक्षिण की इस यात्रा में यह स्थान एक मध्यम विराम जैसा था, न पूरी थकान का विश्राम, न ही तीर्थ का पूर्ण ठहराव। हम यहाँ रुके नहीं, परंतु कुछ घड़ियों के लिए जब इस नगर की परिक्रमा की तो लगा जैसे यात्रा की धूप में किसी वृक्ष की छांव मिल गई हो।

रेल से उतरते ही त्रिची की गर्म हवा ने स्वागत् किया। स्टेशन से बाहर निकलते हुए एक ऑटो लिया। ड्राइवर ने पूछा,

''श्रीरंगम देखना है?''......और हमारे 'हाँ' के साथ ही वह अपनी टेढ़ी गलियों से होते हुए हमें उस दिव्य परिसर की ओर ले गया जहाँ रंगनाथ विष्णु की उपस्थिति हर कण में बसी थी।

श्रीरंगम मंदिर का परिसर विशाल था। प्रवेश द्वार इतना ऊँचा जैसे किसी युगांतकारी कथा में प्रवेश कर रहे हों। अम्मा ने वहाँ पहुँचते ही अपनी साड़ी का पल्लू सिर पर खींच लिया। उनकी चाल में एक आस्था की आभा आ गई थी। नीशु ने गोपुरम की ऊँचाई मापने की कोशिश की.... नज़रें थक गईं, लेकिन शिखर न थमा।

हमने मंदिर का एक छोटा–सा चक्कर लगाया। अंदर जाकर दर्शन का समय सीमित था, फिर भी रंगनाथ जी के शेषशायी स्वरूप की एक झलक पाकर मन अभिभूत हो उठा। भीतर नीलू मौन थी। वह चुपचाप जैसे मंदिर की शांति को पी रही थी। साकेत अपनी जिज्ञासाओं को किसी भी क़िताब से नहीं, इन प्राचीन दीवारों से बुझाना चाहता था।

वहाँ कुछ घंटे बिताकर हम बाहर निकले। मंदिर के बाहर एक वृद्ध पुजारी खड़ा था। उसने एक तुलसीदल दिया और बोला, ''सद्गति होगी बेटा, घबराए नहीं...''

मैं चौंका नहीं, क्योंकि यह वाक्य मेरे भीतर पहले ही फुसफुसा चुका था, शायद बाबूजी के स्वर में। हमने वहीं पास की एक दुकान से दक्षिण भारतीय भोजन किया– पत्तल पर परोसा गया इडली, सांभर और एक अजीब–सी शांति।

अंधेरा हो चुका था, हम मदुरै के लिए निकल पड़े थे। ट्रेन की खिड़की से जब श्रीरंगम का गोपुरम पीछे छूट रहा था, तो लगा जैसे कोई चुपचाप आशीर्वाद में हाथ उठा रहा हो– ''जाओ, मदुरै में देवी प्रतीक्षा कर रही है।'' रात मदुरै में ठहरना था। थके थे, पर संतुष्ट।... और अगली सुबह... देवी मीनाक्षी के चरणों में बैठना था।

रात्रि के समय जब हम मदुरै पहुँचे, तब शहर सोने की तैयारी में था, लेकिन मंदिर की मीनारें अब भी जाग रही थीं, जैसे कोई माँ अपने बच्चों की प्रतीक्षा में देर रात तक द्वार पर बैठी हो।

होटल पहुँचते ही नीशु ने पूछा, ''क्या अब मीनाक्षी माँ मिलेंगी?'' मैंने मुस्कुराकर कहा, ''अब नहीं बेटा, कल सुबह। माँ भी सोती हैं।''

थकावट के बावजूद भीतर एक हलचल थी। सुबह का सूर्योदय कोई सामान्य दिन का प्रारंभ नहीं था, बल्कि एक ऐसा क्षण था जहाँ हम सभी भीतर से कुछ खोजने वाले थे– अम्मा की बरसों पुरानी श्रद्धा, नीलू की मौन आस्था, बच्चों की पहली तीर्थ–स्मृति और मेरी अपनी एक भयग्रस्त यात्रा की सबसे उजली अलस भोर।

सुबह–सुबह जब मंदिर पहुँचे, तो देखा कि भीड़ बहुत नहीं थी, मानो स्वयं मीनाक्षी माँ ने हमारे लिए रास्ता सहज कर दिया हो। मंदिर का गोपुरम सजीव प्रतीत होता था– रंग, आकार और आकृतियों से भरा हुआ, लेकिन भीतर एक अपूर्व स्थिरता समाई हुई थी। जैसे–जैसे हम भीतर बढ़ते गए, स्तंभों की लंबी कतारें और उनकी जटिल नक्काशी देखकर मन ठहरने लगा। हर पत्थर जैसे बोल रहा हो, किसी व्रतधारी की कथा कहता, किसी संत की पीड़ा गाता। और फिर वह क्षण आया जब हम माँ मीनाक्षी के गर्भगृह के समीप पहुँचे।

दीपों की लौ में माँ की आँखें दीर्घ और गहरी दिख रही थीं मानो सब देख रही हों, पर कुछ न कह रही हों। उनका मुकुट, उनकी नाक की नथ, और झिलमिलाता श्रृंगार– सब किसी अतुलनीय गरिमा का स्मारक लग रहा था। नीलू ने सिर झुका लिया और मैंने महसूस किया वह कुछ माँग रही है, पर शब्दों में नहीं, भावना में। मैंने अम्मा की ओर देखा, वे हाथ जोड़कर गीली आँखों से माँ को निहार रही थीं। शायद कोई पुरानी मनौती रही होगी।

बाहर निकलकर हम कुछ समय मंदिर के प्रांगण में बैठे। नीशु ने धीरे से मेरे कंधे पर सिर टिका दिया। साकेत कुछ दूर एक दीवार पर कुछ लिखने की कोशिश कर रहा था, शायद अनुभव को, शायद स्मृति को। उस शाम मदुरै की गलियों में घूमा गया, पर भीतर अब कोई हल्कापन था। अगला पड़ाव था, अम्मा की बरसों पुरानी इच्छा– रामेश्वरम.... वहाँ समुद्र भी था, और अग्नितीर्थ भी।

रामेश्वरम् : अग्नितीर्थ का साक्षी

सुबह के पाँच बजे का समय था। मदुरै की गलियाँ अभी सोई हुई थीं, लेकिन हमारे भीतर एक अधीरता थी.... कुछ ऐसा होने वाला था जो साधारण यात्रा नहीं थी। एक बस आकर होटल के बाहर रुकी। अम्मा ने अपनी छोटी–सी पूजा की थैली कसकर पकड़ी, नीशु ऊँघते हुए मेरी गोदी में चढ़ गया, और नीलू ने साकेत का कंधा थाम लिया। हम रामेश्वरम् की ओर निकल पड़े..... प्रभु राम की उस स्मृति में, जहाँ समुद्र भी एक साधना में समर्पित होता है।

बस धीरे–धीरे तमिलनाडु के गीले धरातल पर दौड़ रही थी। सूरज अब क्षितिज से झाँकने लगा था और रास्ते के दोनों ओर नारियल के वृक्ष और जलभराव वाली भूमि नींद से जाग रही थी। नीशु की आँखें खुलीं। उसने पूछा, ''क्या अब समंदर आएगा?''.... और मैंने मुस्कुरा कर सिर हिलाया। फिर आया वह पल, जब पम्बन ब्रिज पर बस धीरे–धीरे रेंगने लगी.... समुद्र दोनों ओर था.... गहरा, नीला, शांत। साकेत खिड़की से झाँकते हुए बुदबुदाया, ''यहीं कहीं रामसेतु था न पापा?'' और मेरे मन में किसी पुरानी कथा का पुल बनने लगा– श्रद्धा और विज्ञान के बीच का पुल।

रामेश्वरम् पहुँचते ही सबसे पहले अग्नितीर्थ–स्नान का संकल्प लिया गया। अम्मा ने वर्षों से इस यात्रा की प्रतीक्षा की थी। समुद्र किनारे वह क्षण आ गया। अम्मा ने धीमे स्वर में कोई मंत्र

बोला, और नीलू ने हाथ जोड़ लिए। मैंने बच्चों के हाथ पकड़े और सागर में कुछ क़दम आगे बढ़ा। लहरें गरदन तक आ रहीं थीं। वहाँ से सीधे रामनाथस्वामी मंदिर की ओर गए, भारत का वह स्थल जहाँ शिव और राम एक–दूसरे के पूरक हो जाते हैं। मंदिर के 22 तीर्थकुंडों में स्नान करते हुए एक–एक बूँद मानो शरीर ही नहीं, आत्मा को भी धो रही थी। अम्मा हर कुंड पर कुछ पल ठहरतीं, कुछ बुदबुदातीं। मुझे लगा यह यात्रा नहीं, यह उनके भीतर के जीवन की एक तपस्या है, जो अब पूर्णता की ओर बढ़ रही है। मंदिर के लंबे गलियारे, भारत के सबसे लंबे स्तंभित गलियारे में चलते हुए समय थम गया। हम सभी जैसे एक क्रम में नहीं, एक संकल्प में चल रहे थे। रामेश्वर के शिवलिंग के समक्ष पहुँचकर जब हाथ जोड़े, तो आँखें बंद होने से पहले एक दृश्य देखा..... बाबूजी वहीं खड़े थे, मंदिर की दीवार से सटकर, मौन, पर संतुष्ट। वह दृश्य बस एक क्षण का था, पर उससे मेरे भीतर की शंका, असमंजस और अनिश्चय उसी क्षण विसर्जित हो गए.....।

❖❖❖

www.ingramcontent.com/pod-product-compliance
Lightning Source LLC
LaVergne TN
LVHW090359210926
848480LV00002B/393
9798903920884